# 이토록 친밀한 독서

인생을 소모하지 않는 독서의 태도에 관하여

# 이토록 친밀한 독서

김미라 지음

마음세상

## 1장 나를 사랑하는 일에 서툰 당신에게

운명처럼 다가온 책에서 위안을 얻다 • 12

내 인생을 바꾸는 힘은 어디에 있을까 • 20

틀린 게 아니라 다른 거야 • 28

평범함이 특별함이 될 수 있을까 • 36

목표 없는 독서도 괜찮아 • 44

오늘의 독서는 내일의 기쁨이 된다 • 51

책을 읽는 사람이 행복할 수밖에 없는 이유 • 58

## 2장 좋은 책을 만나는 건 아주 특별한 일이다

상처 뒤로 숨지 말고 정면으로 마주하라 · 67

생각을 다스리는 이로운 행위 · 74

글 속에서 내 삶을 발견하고 있는가 · 82

읽을 때마다 비밀의 문이 열린다 · 90

특별한 스승을 만나는 시간 · 97

가장 위대한 도전은 독서하는 행위 · 105

독서를 통해 삶의 흐름을 바꿀 수 있다 · 113

## 3장 책에 대한 사소한 오해들

책의 가치는 누가 판단하는가 · 121

제대로 읽었다는 착각 · 128

끝까지 다 읽어야만 할까 · 135

오래 머물러도 괜찮아 · 142

책을 많이 읽으면 말을 잘할 수 있을까 · 149

하라는 대로 해도 성공하지 못하는 이유 · 157

책은 정답을 주지 않는다 · 165

## 4장 책을 제대로 즐기는 친밀한 독서법 7가지

책과 친밀해지고 싶다면 아이처럼 느껴라 • 173

기록하면 더 가까워진다 • 181

가끔은 눈과 귀를 닫고 읽어라 • 189

관점을 바꾸면 수수께끼가 풀린다 • 197

나의 언어로 번역하며 읽어라 • 205

10분, 300분, 3,600분의 마법 • 213

판단은 적게, 수용은 많이 하라 • 221

## 5장 진정한 독서의 완성은 삶이다

읽으며 감정의 조각들을 모은다 • 230

보이지 않던 길을 걸어가고 싶다면 • 238

책장에 꽂아두었던 책을 다시 펼치며 • 246

쓸모없는 인생은 없다는 확신 • 254

독창적이고 확장된 사고로 나아가는 길 • 261

책을 읽을수록 단단해지는 삶 • 269

진정한 독서의 완성은 삶이다 • 277


추천의 글 김미라의 파피루스 • 285

1장

**나를 사랑하는 일에 서툰 당신에게**

## 운명처럼 다가온 책에서 위안을 얻다

사방이 어둠으로 둘러싸인 밤, 차를 타고 고속도로를 달리고 있었다. 피곤으로 정신이 몽롱해지는 순간에도 사랑하는 가족과 함께 산책을 하고, 따스한 밥에 담소를 얹으며 식사하던 하루가 또렷하게 떠올랐다. 행복하고 감사했다. 이런 평온함은 내 것이 아니라고 여겼던 지난날이 있었다.

어린 시절, 가난은 내게서 행복과 감사함을 앗아갔다. 아니, 애초에 그런 감정을 느낄 여유조차 없었던 것인지도 모른다. 기억 속 어린 시절은 추수가 끝난 논에서 먼지를 들이마시며 짚 다발을 묶고, 뜨거운 태양이 내리쬐는 밭에서 고춧대를 뽑았고, 열기가 가득한 비닐하우

스에서 토마토를 수확하던 장면들로 가득하다. 내 키를 훌쩍 뛰어넘는 것들과 싸우며 시간을 보냈다. 발이 닿는 곳은 친구들이 놀고 있는 놀이터가 아니라, 작물이 자라는 흙먼지 뒤덮인 땅이었다. 그곳이 지겹도록 싫었다. 나는 단단한 대지를 딛고 친구들과 뛰놀거나, 책을 읽으며 시간을 보내고 싶었다.

  부모님은 땅에서 나는 것을 소중히 여겼고, 흙이 주는 가치를 귀하게 가르쳤다. 그럴수록 땅이 더 미워졌다. 중학교에 입학하자 동아리 활동을 해야 했다. 비용이 들지 않는 활동을 찾다 보니 도서부가 유일했다. 드르륵 소리를 내며 도서관 문을 열고 들어간 순간, 눅진한 곰팡내가 코끝에 스쳤다. 잘못된 선택인 듯 아차 싶은 찰나의 순간, 책장에 가지런히 꽂힌 책들의 품격이 나를 단숨에 사로잡았다. 막연히 책이 많은 집은 부유한 집이라고 여겼고, 책을 읽는 아이는 귀하게 사랑받는 아이라 짐작하며 부러워했다. 나도 그런 사랑을 받고 싶어서였을까. 그 뒤로 도서관을 뻔질나게 드나들기 시작했다.

  책 맨 뒷장을 펼쳐 대여 기록을 보는 일이 즐거웠다. 그 기록에서 책을 거쳐 간 수많은 이들의 흔적을 발견할 수 있어서 좋았다. 빛바랜 필체를 따라, 점점 흐릿해지는 시간의 발자취를 더듬어갔다. 하루는 책이 꽂혀있는 책장으로 조용히 다가가 손끝으로 책 제목을 띠리 훑고 있는데, 멈칫하게 만드는 책 한 권을 발견하였다. 그 책은 시골 농촌을 배경으로, 가난하지만 성실한 농부와 그에게 시집온 여성이 결혼하여 가족을 이루고, 땅을 개척하고 일구며 겪는 삶의 희로애락을 담고 있었다. 농촌으로 스며드는 자본주의로 인하여 상황이 급변하며 겪는 경제적 어려움과 그 속에서 평범한 일상을 유지하기 위해 노력하는 인간의 갈등을 사실적으로 그려내며, 자연과 사람, 삶과 죽음에 대한 깊은 사유를 전하는 작품이었다.

소설 속 주인공에게서 엄마를 보았다. 수평선을 그리며 끝없이 펼쳐지는 토지 끝에 걸쳐있는 석양을 배경으로 소설 속 그녀가 걸어가는 구부러진 뒷모습, 매일 흙먼지 묻은 손으로 가족을 돌보던 그 손길, 말없이 견뎌내던 모든 고통과 희생이 겹쳐졌다. 엄마가 나를 품에 안았던 따뜻한 온기처럼 책은 힘들 때마다 내 곁을 지켜주고 든든한 버팀목이 되어 자연스럽게 마음에 스며들었다. 책이라는 세상의 창을 통해 발견한 굳센 인내와 무한한 사랑은 마치 내 기억 속 엄마의 모습 같아서 나도 모르게 가슴이 저려왔다. 땅이 키워낸 사람에게서는 푸근한 냄새가 맡아지는 것처럼 책에서도 진한 삶의 향기가 은은하게 맡아진다.

주인공의 고단하고 꿋꿋한 삶은 내 마음을 깊게 흔들었고, 그리움과 애틋함이 서서히 마음속을 적셨다. 그녀가 겪은 고난과 희생, 그리고 그 안에 담긴 가족을 향한 묵직한 사랑이 내 가슴에 아릿하게 와닿았다. 그 순간, 내 마음 깊은 곳에서부터 뜨겁고도 눈부신 눈물이 흘러내렸다. 내가 직접 겪지 않은 이야기임에도, 그 눈물은 나의 것이 되어 흘렀다. 그제야 알게 되었다. 책 한 권, 한 권이 각각의 세계와 감정을 품고 있다는 것을. 운명처럼 다가온 책이 독서의 세계로 깊숙이 이끌었다.

그날 흘린 눈물은 흙먼지 날리는 대지를 잠재우고 내 안에 가득했던 증오를 조금씩 거두어 갔다. 서툴지만, 엄마를 이해하기 시작했다. 부족한 이해를 채우기 위해 더 많은 책을 찾아 읽었다. 멈칫하게 만든 책 한 권을 읽고 난 이후로 책을 등지고 살 수 없게 되었다. 어두운 방에 들어가면 불을 켜듯, 인생이 어두운 터널을 지날 때 책이 불을 밝혀주리라는 것을 직감적으로 알게 되었다. 내 인생의 어둠을 밝혀주는 책. 나는 그런 책들을 '홈런 북'이라 부르기로 했다. 가진 것 없고, 재능도 없던 내게 한 권의 홈런 북은 한여름의 시원한 그늘이자, 겨울 칼바람 속 따스한 이불이 되어 주었다. 인생을 살다 보면 누구나 운명 같은 '홈런 북'이 찾아온다고 믿는다.

핸드폰에서 영상을 넘기다 '헬 조선'이라는 큼지막한 자막이 시선을 사로잡았다. 시선이 이끄는 대로 클릭하자 연관된 영상들이 주르륵 펼쳐졌다. 연애, 결혼, 출산, 인간관계를 포기하는 세대의 고통을 이야기하며 한국 사회의 미래를 비관하고 있었다. 예전의 나였다면 일부분 공감했을 것이다. 그러나 지금은 왜 사람들은 희망보다 절망을 먼저 바라보는 것일까 하는 마음이 들며 안타까웠다. 불평을 입 밖으로 꺼내는 순간, 불행의 낭떠러지로 떨어지게 된다는 것을 모르고 있는 것 같다.

 피할 수 없는 고통스러운 상황에 반복적으로 노출되면, 나중에는 고통을 피할 수 있는 기회가 주어져도 더 이상 노력하지 않고 포기한다고 한다. 실제로 이러한 현상은 어느 유명한 실험으로도 확인되었다. 극복할 수 있는 상황에서 스스로 할 수 없다고 여기며 포기하는 일은 자기 자신을 무기력으로 몰아넣는 행위이다. 충분히 바뀔 수 있는데도 불구하고 바뀌지 않고 순응해버리는 모습에서 희망은 없다. 이 땅의 역사에 쉬운 시대란 없었다. 과거로 갈수록 신분제, 전쟁, 문맹 등 더 혹독한 시절들이 있었다. 오히려 지금은 다양한 선택지가 주어지고 있다. 변하고자 하는 의지는 자신에게 있다.

 마흔이 되어서야 자전거를 탔다. 언제였는지 기억조차 나지 않는 어린 시절, 넘어진 자전거 옆으로 무릎이 까여 훌쩍이고 있는 어린 소녀가 있다. 또다시 넘어지는 것이 두려워 자전거 배우기를 포기했다. 여행을 가면 연인끼리 자전거를 나란히 타며 달리는 모습이 늘 부러웠다. 하지만 그 부러움이 배움의 의지를 이기지는 못했고, 내 인생에 자전거는 없을 거라 단정 지었다. 그저 누군가의 허리춤을 붙잡고 뒷자리에 앉아 세상을 옆으로만 보아도 충분하다 여기며 시간을 달려왔다.

 아이를 낳고 그 아이가 어느덧 발로 페달을 밟고, 두 손으로 핸들을 잡겠다고 출발선에 섰다. 넘어지고, 무릎이 까이고, 화를 내며 울기도 했지만 끝까지 포기하지 않았다. 마침내 자전거를 붙잡고 있던 손을 놓자 아이는 바람을 가르며 혼자 씽씽 달렸다. 환호하는 아이의 모습에서 과거 무릎이 까여 울던 어린 소녀의 모습이 겹쳐 보였다. 아이가 성공했으니 됐다 싶었다. 그러자 문득, 어린 소녀의 성공도 지켜보고 싶어졌다. 씽씽 달리는 아이 옆에서, 마흔의 어른 아이가 직접 자전거를 타보며 연습하기 시작했다.

더디더라도 나만의 연습을 이어간 끝에 드디어 옆이 아닌 세상을 앞에서 바라보며 달리는 소녀를 만나게 되었다. 포기한 일에 대해 순응해버리고 다시 도전을 시도하지 않는 사람들이 있다. 우리는 반대로 생각해야 한다. 포기했으니 다시 시작할 수 있다고. 그동안 읽은 책들은 한결같은 목소리로 말해주었다. 모든 결과는 시작에서 비롯되며, 포기는 한 구간의 끝일 뿐이라고 말이다. 그런 의미에서 '다시 시작하자'는 말은 마법의 주문처럼 들린다. 매일 이 주문을 복기하며 책을 펼치며, 포기의 끝에서 새로운 시작으로 비상한다. 중요한 것은 언제나 시작이었으므로.

어린 시절, 가난이라는 울타리에 스스로 갇혀 세상을 온전히 바라보지 못했던 나는 운명처럼 다가온 한 권의 책으로 일어설 수 있었다. 가난은 나를 옭아매는 무거운 족쇄가 아니었다. 그저 나를 이루는 수

많은 조건 중 하나일 뿐이라는 깨달음이, 책의 페이지를 넘길 때마다 작은 바람을 일으키며 나를 흔들었다. 그 바람은 나비효과가 되어 지금의 나를 만들어 주었다. 오늘 내가 넘기는 한 페이지가 또 다른 내일의 문을 열 것이다. 그 페이지마다 조용히 속삭이는 위로가 있다.

"잘하고 있어."

매일 아침, 나는 같은 사람인 동시에 새로운 하루를 선물받는다. 그 안에는 수많은 기회가 숨어 있고, 그 기회를 붙잡을 때마다 또 하나의 운명의 문이 열린다. 예전에는 그 선물이 내 것이 아닌 것 같아 열어보지 않았다. 하지만 이제는 안다. 오늘 읽는 책 한 권이 내일의 나를 바꾸고, 더 나아가 미래를 바꾼다는 것을. 고난을 이겨내는 가장 현명한 방법이자, 불행을 행복으로 역전시키는 가장 강력한 카드는 바로 오늘 내가 읽는 몇 줄의 문장 속에 있다.

요즘은 외롭지 않기 위해 원치 않는 만남을 이어가는 사람이 많다. 나도 외로웠던 시간이 있었다. 그래서 많은 친구들을 사귀고 싶었고, 그 속에서 위안을 얻으려 애썼다. 그러나 사람들과의 만남은 때로 기대와 비교, 상처를 남기며 나를 더 깊은 외로움 속으로 밀어 넣었다. 그럴 때마다 나는 책을 꺼내 들었다. 책 속 문장들은 마치 나를 오래 전부터 알고 있는 친구처럼 다가와, 혼자라는 감정을 달래주었다. 책은 내가 원하던 위로의 언어였고, 외로움 속에서도 나를 지켜주는 따뜻한 동반자가 되어 주었다. 사람 사이에서 얻기 어려웠던 그 깊은 위로를 책에서 찾았다. 그렇게 책은 나의 마음을 어루만지고, 나를 한 뼘 더 성장하게 했다.

평범하던 내 인생이 책과 접속한 순간부터 시공간이 종횡무진으로 이어지며 가지각색의 사람들을 만났다. 무엇 하나 앞이 보이지 않던 인생이 그 뒤로 조금씩 다채로워지기 시작했다. 꾸준히 하는 독서는 삶을 채워주고, 성장을 위한 독서는 삶의 단계를 높여준다. 배움을 위한 독서는 지식을 채워주고, 마음을 위한 독서는 지혜를 높여준다. 이렇듯 독서는 우리에게 필요한 것을 가져다주고, 불필요한 것을 가져간다. 나이가 차오를수록 채움과 비움에 대해 더 많이 생각하게 된다. 그리고 다짐한다. 쉬어가되 멈추지는 말고, 멈추되 독서로부터 떠나지는 말자고. 그렇게 인생을 알아가고 있다.

## 내 인생을 바꾸는 힘은 어디에 있을까

독서가 개인의 삶에 미치는 긍정적인 영향에 대한 연구는 매우 다양하게 진행되고 있다. 이러한 연구들은 독서가 개인의 삶의 궤적에 중요한 변화를 가져올 수 있음을 간접적으로 시사한다. 책을 읽으며 처음 뇌 가소성에 대해 접했을 때 마음은 환희로 차올랐다. 뇌 가소성이란 뇌가 경험에 따라 끊임없이 변화하고 적응하는 능력으로 단순히 학습과 기억을 넘어, 뇌의 구조와 기능 자체가 변화할 수 있음을 의미한다. 독서는 이러한 뇌 가소성을 촉진하는 강력한 활동으로 알려져 있다. 독서를 할 때 우리의 뇌는 언어를 해독하고 의미를 이해하며, 이미지를 상상하며 떠올린다. 이 과정에서 뇌의 다양한 영역들이 활성화되고 서로 촘촘히 연결된다.

그동안 내가 넘겼던 페이지들이 나를 이끌어준 방향이 되었다는 사실이, 무엇보다도 기쁘다. 인생이라는 한없이 크고 넓은 바다를 홀로 항해하고 있을 때, 그곳에서 표류하지 않도록 앞서가며 막막함을 거두어주고 있었던 것이다. 장기간의 독서는 뇌가 정보를 더 효율적으로 처리하고 저장할 수 있는 쪽으로 변화를 유도한다. 책과 함께하며 쌓아온 그동안의 시간이 무사히 나를 이곳으로 데려와주었다면, 이제는 다음 챕터를 기대하게 만든다. 독서가 희망이 된다는 말은 뜬구름이 아니었다. 책을 손에 들면 그것은 눈앞에 현실이 되고 있었다.

사람들은 자신의 삶을 바꾸고 싶어 하면서도, 정작 행동하지 않는다. 행동은 어렵고 말은 상대적으로 쉽기 때문일 것이다. 자신을 불행하다고 여기며 남과 비교하는 마음은 영혼을 갉아먹는다. 사람마다 다르겠지만, 나는 책을 읽으며 '내가 느꼈던 것을 이 작가는 이렇게 표현했구나' 하고 되새기며, 당장 가질 수 없는 상황들을 조금이나마 이해하게 된다. 단순한 읽기에 머물지 않고, 마음으로 대화를 나누듯 글에 내 생각을 덧붙이고 질문을 남긴다. 이러한 과정이 반복되며 인생의 저울이 한쪽으로 기울지 않고 안전하게 성공을 향해 나아가도록 펼쳐진다. 이해와 질문이 동반된 독서야말로 진정한 독서임을 깨닫게 되는 순간이다. 질문을 던지는 만큼 독서는 더욱 깊어진다.

사람들은 어려움에 부딪히면 해결책을 외부에서 찾으려 한다. 하지만 진짜 실마리는 대부분 자기 내면에 존재하고 있다. 인생은 우리에게 안전한 길만을 허락하지 않는다. 확신을 가지고 걸어가도 예상치 못한 장애물이 나타나 돌아서야 할 때가 있다. 장애물은 이별, 질병, 가난, 사고 등 다양한 모습으로 우리를 흔든다. 삶은 결코 친절하지 않으므로 인생을 지키기 위해서는 흔들리지 않는 내면의 단단함을 키워야 한다. 장애물을 만날 때마다 가까이 있던 책이 나에게 조언을 건네주었기에 무너지지 않을 수 있었다. 성공한 사람들은 흔히 인생이 달라졌다고 말하지만, 나는 그들의 인생이 아니라 생각이 달라졌다고 말하고 싶다. 생각이 우리를 성공으로 인도하는 것이다.

많은 연구에서 밝혀졌듯, 사람들은 익숙한 삶을 편안하고 안전하다고 느껴 벗어나려 하지 않는다. 작은 흔들림에도 크게 동요하고, 불안에 쉽게 마음을 내어준다. 갑자기 기울어진 가정 형편을 탓하거나, 곁에 있어주지 못하는 부모를 원망할 수도 있다. 이러한 마음의 불평은 무엇도 가져다주지 못한다. 반면, 독서는 하루하루를 더 깊이 사랑하며 살아가도록 만든다. 어린 시절, 나는 우리 집 형편을 불쌍하게 보는 시선이 싫었다. 어른들이 툭툭 던진 말들이 어린 마음에 상처가 되었다. 독서는 그런 아픈 기억에서 서서히 멀어지게 하고, 상처받지 않도록 단단한 마음을 만들어 주었다.

경제적 어려움으로 인문계 진학을 포기했지만, 그것을 계기로 책과 더 친밀한 관계를 이어갈 수 있었다. 넉넉하지 못한 형편을 부끄러워했지만, 그 덕분에 형제애는 더 끈끈해졌다. 동전의 앞면과 뒷면처럼, 불행 뒤에는 늘 행복이 숨어 있었다. 밝은 햇살이 그림자를 데려오지만 그 그림자는 언제나 빛의 뒤를 따를 뿐이다. 나는 그 빛이 손안의 작은 책이라 믿었다. 희망을 향해 나아가려는 의지를 더욱 강하게 만들며, 어떤 어려움도 극복하는 힘이 내 손에 있었다. 한 번뿐인 인생을 살면서 책을 통해 타인의 삶을 간접 경험하고 삶의 균형을 배워 나간다. 가난이 문제라고 여길 때 정체되어 있던 삶은 가난하다고 여기는 마음이 문제였음을 깨닫자 비로소 흐르기 시작했다. 인생은 멈추지 않고 흐르는 듯 보여도 사실은 우리 마음이 이끄는 대로 때로는 잠시 멈춰 서기도 하고 얼마든지 나아가기도 한다.

결혼을 몇 달 앞두고 갑상샘암 진단을 받았다. 막막한 어둠 속으로 던져진 기분이었다. 겨우 찾은 행복이 한순간에 무너지고, 내 삶 전체가 풀기 힘들 정도로 몹시 헝클어져버린 절망감이 밀려왔다. 두려움은 차갑게 내 가슴을 조여 왔고, 한 번 들어가면 다시 빠져나오기 어려운 미로처럼 미래는 막막하기만 했다. '내 몸에 암이라니, 왜 하필 나일까?'라는 생각이 머릿속을 떠나지 않았다. 깊은 슬픔과 헤아릴 수 없는 불안이 나를 집어삼키며, 어떠한 결정도 내리지 못하고 방향을 잃은 채 방황했다. 혼자 있는 순간이면 왈칵 눈물이 흐르고 멈추길 반복하였고, 분노와 혼란, 두려움이 한데 뒤섞여 마음이 혼탁해졌다.

한편으로는 이렇게 빨리 진단받은 게 다행이라는 작은 희망이 마음 한구석을 지켰다.

수술을 위해 입원을 준비하던 날, 짐을 싸면서도 마음은 무거운 불안과 복잡한 생각들로 가득했다. '목소리가 나오지 않으면 어떡하지?'부터 '며칠 후면 지금과는 전혀 다른 내가 될 텐데…' 하는 두려움이 머릿속을 어지럽혔다. 내 몸에 남을 수술 자국은 두려움의 상징처럼 느껴졌고, 후유증에 대한 걱정이 끊임없이 마음을 흔들었다. 병원으로 향하는 차 안에서도 마음은 가라앉지 않았다. 생각들은 엉키고 풀리지 않았으며, 미래에 대한 불확실함이 무겁게 짓눌렀다. 그럼에도 나는 불안한 마음을 겨우 억누르며 내 안에 남아 있던 작은 용기를 붙잡았다. "이겨내야 한다, 나를 위해서." 그 말이 마음속 깊은 곳에서 겨우 빛을 발했다.

그때 나는 깊은 외로움에 갇혀 있었다. 암이라는 현실 앞에서 마음을 열기가 쉽지 않았다. 슬픔과 두려움을 털어놓으면 오히려 상대방까지 덩달아 힘들어할 것 같아 혼자 삭히는 날들이 많았다. 책 속에서 위안을 찾았던 나를 기억해내자 인생의 끝에서 시작하는 사람들이 보였다. 그들의 이야기를 내 마음에 뿌리며 두려움과 절망 앞에서도 포기하지 말아야 할 이유들을 하나 둘 찾아갔다. 그렇게 책에서 발견한 사랑과 용기는 내게 혼자가 아니라는 느낌을 주었고, 외로움 속에서도 나를 지탱해 주는 또 다른 힘이 되어주었다.

내 곁에는 사랑하는 가족과 미래를 약속한 든든한 동반자가 있었다. 끝없는 추락을 멈추기 위해 용기를 냈고, 스스로 상처 주지 않기로 결심했다. 앞으로의 행복은 물론 내 몸과 마음을 지키기로 했다. 살아가는 동안 내가 받은 사랑을 잊지 않고 모두 기억하고 싶어졌다. 책과 함께한 시간들이 나를 지탱해 주고, 잊히지 않고 곱씹게 되는 문장들이 나를 구했다. 불행은 축복으로 가기 위해 열어야 하는 문이다. 노력만으론 상황은 쉽게 바뀌지 않는다. 하지만 노력과 함께 내면의 마음도 바뀐다면, 인생은 변한다. 마음과 생각이 일치할 때, 바꾸지 못할 것은 없다. 나는 용기를 내 수술대에 올랐고 치료에 전념할 수 있었다.

독서는 지혜의 열매를 맺게 해주는데, 그 열매는 책을 읽는 시간과 깊이 생각하는 시간에 비례한다. 생각하는 사람은 변화할 가능성을 품은 사람이다. '사람은 변하지 않는다'는 말보다 '생각하는 사람은 변할 수 있다'는 말을 더 좋아한다. 인생을 바꾸는 힘은 읽고 생각하는 데 있기 때문이다.

사람들은 좋은 날이 계속되길 바라지만, 인생은 험준하고 굴곡진 능선을 오르는 것과 같아서 예기치 않은 난관에 봉착하기도 한다. 그러나 그 능선은 우리에게 내려갔을 때는 올려다볼 수 있는 하늘을, 정상에 올라섰을 때는 내려다볼 수 있는 풍경을 선물해 주었다. 살다 보면 다양한 고비가 찾아온다. 걱정과 불안을 당연한 감정처럼 여기곤 하지만, 책과 함께하며 그러한 감정들이 당연하지 않을 이유를 찾았다. 우리가 느끼는 대부분의 걱정이나 불안은 실제 현실에서 일어나는 경우보다 우리 마음속 상상으로만 그치는 경우가 대부분이다. 실제 존재하는 위험이 아니라, 우리 마음이 만들어낸 불확실한 그림자에 속고 있을 뿐이다. 실제보다 훨씬 부풀려진 환상에 속아서 아직 일어나지 않은 미래의 일에 대한 부정적인 예측을 더할 필요는 없다. 불필요한 걱정에서 벗어나 현재에 집중하자. 걱정은 상상력을 잘못 사용하는 방법 중 하나다.

내 인생을 바꾸는 힘은 거창한 성공이나 눈부신 행운에 있지 않았다. 그것은 아주 조용히, 한 페이지 한 페이지를 넘기며 쌓아 올린 시간 속에 있었다. 책을 읽고 생각하고, 다시 나를 돌아보는 그 모든 순간들이 내 안의 작은 씨앗을 키워 주었다. 이해하려는 마음, 사랑할 수 있는 여유, 그리고 다시 시작할 수 있는 용기. 그것이 바로 나를 바꾸고, 삶을 바꾸는 힘이었다. 그래서 오늘도 나는 책을 펼친다. 변화를 믿으며, 더 나은 내일을 기대하며 말이다.

어떠한 상황 속에서도 의미를 찾는 것, 그리고 그 의미를 내 것으로 만드는 것이 중요하다. 이러한 힘을 키우는 데 도움이 되는 것 중 하나가 바로 독서이다. 불평 속에서 의미를 찾으면 그 상황을 인내하게 되고, 고통 속에서 의미를 찾으면 그 순간은 지나가게 된다. 그리고 결과만이 남는다. 결과에서 얻는 교훈을 통해 성장의 선순환을 만들어간다. 인간의 힘으로 어떻게 할 수 없는 자연재난이 휩쓸고 간 자리에 망연자실하며 모든 것을 잃었다고 말한다. 그러나 우리는 알고 있다. 모든 걸 잃지 않았다는 사실을. 마지막 희망이 바로 자신이라는 사실과 그 의미를 이해하는 순간 희망은 피어오른다. 살아있다는 사실만으로 희망의 전부가 되기도 한다. 꺾이고 부러졌어도 뿌리가 뽑히지 않았다면 그 자리에서 기어이 새싹은 돋아나고 마침내 꽃을 피워낸다. 척박한 현실이라도 매일매일 끊임없이 의미라는 씨앗을 심고 가꾼다면 언젠가 그 씨앗들이 꽃피운 아름다운 정원에서 진정한 삶의 향기를 누리게 될 것이다.

## 틀린 게 아니라 다른 거야

아들은 학교에서 다양한 다문화 친구들과 어울리며 많은 것을 배우고 있다. 새 학기가 시작될 때면 들뜬 목소리로 말한다. "이번에는 우리 반에 A, B 다문화 친구가 함께하게 되었어!" 몇 년째 같은 반이 된 친구의 이름도 들려와 괜히 반가운 마음이 들었다.

사실, 이런 마음이 들기까지는 꽤 오랜 시간이 필요했다. 처음 초등학교에 입학했을 때만 해도 다문화 아이들에 대한 부정적인 시선이 있었음을 고백한다. '학급 분위기가 흐려지지 않을까?' '언어가 다른데 친구들과 잘 어울릴 수 있을까?' 전전긍긍하며 마음을 졸였다. 격정은 기우였다. 아들이 학교에서 있었던 일을 이야기해 줄 때면, 재미있는 에피소드 덕분에 우리 가족의 웃음은 끊이질 않았다. 그럼에도 가끔은 속상한 마음을 털어놓기도 했다.

다문화 친구들은 우리나라 언어가 서툴기 때문에 원활한 대화가 어렵다. 그러한 이유로 마치 유아기 아이처럼, 말보다 몸이 먼저 반응하는 경우가 있다. 문제는 그 행동이 과격할 때다. 결국, 한 아이가 다치고 말았다. 좋은 태도보다 먼저 나쁜 태도를 배우는 것이 우리의 자연스러운 습성인걸까. 문제를 일으킨 아이는 물리적인 행동과 함께 감정적 비속어를 내뱉었다고 한다. 아들이 재현해 준 그 말은 차마 듣기 힘들었다. 그럼에도 아들은 가르치는 선생님의 고충을 이해하는 동시에 소통이 어려운 친구의 마음도 헤아리고 있었다. 그 모습을 보며 어른으로서 마음이 무겁게 가라앉았다.

다르다는 이유로 소외감을 느꼈던 경험이 있다. 그 경험은 내 기억에 아로새겨져 시간이 지나도 지워지지 않은 채 선명하게 남아 있다. 초등학교 시절, 학생의 가정 환경을 조사한다는 이유로 모두 눈을 감고 선생님의 질문에 해당되는 학생은 손을 들어야 했다. 그 당시, 기초생활수급자에 해당하는 나는 손을 들어야 했는데, 대부분의 아이들은 그 의미를 이해하지 못했다. 선생님은 저급한 비유를 들며 우리를 이해시켰다. 그러자 내 얼굴은 뜨겁고 빨갛게 달아올랐다. 그날 이후 내가 처한 환경이 부끄럽게 다가오며 남들과 다르다는 것이 내게는 틀린 일이 되어버렸다.

서로 다른 배경과 언어를 가진 사람들을 이해하고 받아들이는 일은 결코 쉽지 않다. 그래서일까, 문학에서도 이러한 '다름'을 인정하고 존중하는 이야기가 자주 그려진다. 아주 오래전 읽은 소설 역시 그런 작품 중 하나였다. 작가의 자전적 경험을 바탕으로 다름을 따뜻한 시선으로 바라볼 수 있도록 독자를 이끌어 주었다. 사실 그 책을 처음 읽었을 때, 나는 그 이야기가 남의 일처럼 느껴졌다. 하지만 아들이 학교에서 겪은 일화를 듣다 보니, 문득 소설의 내용이 떠올랐던 것이다. 남들과 조금 다르다는 이유로 다니던 학교에서 쫓겨났지만, 새로운 학교에서는 있는 그대로 받아들여지자 자신의 정체성을 찾아가는 주인공. 그곳에서는 다르다는 것이 결코 흠이 아니라, 오히려 특별한 가치로 존중받았다.

아들에게 고향이나 언어, 살아온 환경이 달라도 모두 다 같은 친구임을, 그리고 다르게 생각하는 것을 인정하고 존중해야 한다고 가르친다. 인내심을 가지고 기다려주면 우정이 그 틈으로 스며들 것이다. 말은 수학처럼 계산되지 않는다. 다른 나라 언어를 배우는 것이 얼마나 어려운 일인지 이해하려 노력하면, 오히려 그 친구들이 어리지만 대단하다는 것을 알게 된다.

처음에는 낯설고 어려웠지만, 시간이 지나면서 아들은 친구들의 개성을 이해하고 존중하는 법을 배워갔다. 나는 그런 아들의 모습을 보며, 서로의 다름을 인정하고 따뜻하게 품어주는 사람이 되어야겠다고 다짐한다. 우리 사회도 마찬가지일 것이다. 모두가 똑같기를 강요하는 세상 속에서, 다름은 틀린 것이 아니라 또 다른 아름다운 모습일 뿐이다. 세상이 갈수록 복잡해지면서 사람들은 서로의 의견을 존중하기보다 자신만의 생각을 주장하며 충돌하고 있다. 의견이 다르다는 것이 틀렸다는 의미가 될 수 없다. 각자의 방식과 관점이 존재하는 만큼, 상대방의 의견을 먼저 존중해 준다면, 미처 생각지 못했던 새로운 시각과 가능성을 발견하게 될 것이다.

다르다는 것을 인정하지 않음으로써 발생하는 불화와 불행의 씨앗이 너무나 많다. 최근 문제가 되는 학교 폭력이 걱정스럽다. 갈수록 어려지는 나이에 촉법소년 기준을 낮추어야 한다는 사회적 요구가 높아지고 있다. 우리는 사건을 가해자와 피해자로만 나누어 판단하는 경향이 있다. 하지만 사건이 발생한 이유와 배경을 이해하지 않고 결과만으로 판단하는 것이 최선일까?

부모의 기준은 오랜 시간 축적되어 형성된 하나의 가치관에 불과하다. 그 가치관 속에 어떤 경험과 생각들이 담겨 있는지는 우리는 온전히 알 수 없다. 꼭 책을 통하지 않더라도 우리는 다양한 방식으로 배움을 얻으며 살면서 필요한 자신만의 기준을 만들어 간다. 단지, 내가 깨달은 방식이 독서였고 그것은 세상을 더 깊이 이해하고 자기 자신과 평화롭게 지내는 법을 알아가는 과정이 되어주었다. 궁극적으로 독서를 하는 이유는 다름을 인정하고 다양성을 수용하기 위함이다. 독서는 특정 대상에 대해 이미 마음속에 가지고 있는 고정적인 관념이나 관점을 그대로 유지하지 않고, 열린 태도를 갖는데 큰 도움을 준다. 당신이 읽는 이야기가 바로 당신이 된다는 점을 잊지 말자.

고등학교 담임 선생님은 수학 교과 담당으로 수학을 잘하는 아이를 특별히 예뻐하셨다. 다른 과목은 자신 있었지만, 수학 앞에서는 유독 움츠러들었다. 그때 생각했다. 똑같지 않은 우리가 왜 한 사람의 기준에 맞춰 똑같은 사람이 되어야만 하는 걸까? 각자 고유한 개성을 지닌 존재이기에 애초에 '틀렸다'는 것이 성립될 수 없다고 생각한다. 하지만 어린 시절의 나는 그것을 받아들이지 못했다. 만약 내가 책을 읽지 않았다면, 나 스스로 고유한 존재임을 부정했을지도 모른다. 그러나 책은 나에게 그러지 말라고, 있는 그대로 충분하다고 말해 주며 포근히 감싸안아 주었다.

독서의 가장 큰 장점은 타인을 이해하는 마음을 키울 수 있다는 점이다. 책을 읽다 보면, 내가 경험하지 못한 삶을 간접적으로 체험하게 되고, 그 속에서 다양한 가치관과 시선을 마주하게 된다. 우리는 때때로 누군가의 행동이나 생각을 쉽게 판단해 버린다. 하지만 그 사람이 왜 그렇게 행동하는지, 어떤 배경에서 그런 결정을 내렸는지 깊이 들여다본다면, 이해의 폭이 넓어질 것이다. 그때 선생님께서 학생들이 어떤 문제를 두고 어려워하는지, 그들의 목소리를 먼저 들어주었다면 어땠을까 하는 아쉬운 마음이든다.

주입식 교육 속에서 부모는 아이의 사랑을, 아이는 부모의 희생을 당연하게 여긴다. 하지만 지금의 나는 아이가 주는 사랑에 감사하고, 부모의 희생보다 가족 구성원의 배려를 우선시한다. 내 행동이 정답일 수는 없다. 누군가 내 생각이나 행동이 틀렸다고 말한다면, 인생이 한순간에 부정당하는 느낌이 들지 않을까 싶다. 정답이 없는 인생이기에, '그럴 수도 있구나'라는 이해와 존중이 더 절실하다. 우리는 서로 다른 생김새를 가지고, 각자의 방식으로 살아간다. 그리고 그 다름에는 이유가 있을 것이다. 독서를 하며 나는 다름을 인정하는 것이 곧 존중이라는 것을 배웠다. 아들이 교실에서 마주하는 갈등도 결국 문화의 차이를 아직 이해하지 못해서, 그리고 존중으로 이어지지 못해서 발생하는 일이라는 것을 알게 된다.

학교는 가장 작은 사회이다. 그 안에서 아이들은 부딪히고 배우며 세상에 나갈 준비를 한다. 사회적 기대 속에 갇혀 있지만, 개인의 고유함과 다름을 존중하는 이야기를 읽으며 진정한 삶의 의미를 찾아가는 과정에 대해 곰곰이 생각해 보았다. 우리는 시간이 흘렀어도 여진히 획일적인 틀에서 벗어나지 못하고 있기에, 어느 때보다 소설 속의 목소리가 묵직하게 다가온다. 각자의 개성을 존중하고, 내면의 열정과 꿈을 따라 자유롭게 사고하고 행동하는 용기를 불어넣는 것이 필요하다. 쉽지 않겠지만 그럼에도 불구하고 진정한 자아를 찾는 과정이 중요하므로, 자신만의 고유한 목소리를 찾아가야 한다. 순간을 소중히 여기고 스스로의 삶을 능동적으로 살아갈 때, 우리는 미래를 위해 현재를 희생하는 삶이 아닌, 현재를 즐기는 삶을 살아갈 수 있을 것이다.

삶이란, 누군가 대신해 줄 수 없는 여행이지만, 그 여정에서 누구와 함께할지 스스로 선택할 수 있다. 나는 책을 읽으며 수많은 인생을 간접적으로 여행했다. 덕분에 '거기로 가면 안 돼요.' '그렇게 하면 늦어요.'라는 말을 들어도 불안하거나 초조하지 않다. 다만, 이번 여행에서 바라는 것이 있다면, 책을 좋아하는 사람들을 많이 만났으면 하는 것이다. 그렇게 된다면 여행하며 만난 사람들과 봄처럼 만나서 겨울처럼 헤어질 수 있을 것만 같다.

인생은 달리는 지하철과 닮아있다. 어두운 터널을 달리다가도 터널 끝에서 반짝반짝 빛나는 윤슬을 마주하기도 한다. 무시무시한 속도로 내달리다가도 멈추어야 할 때를 알고 멈춘다. 사람들은 저마다 다른 노선을 타고 목적지로 향한다. 교차하고 환승하고, 만나고 헤어지고, 문이 열리길 기다렸다가 내려야 할 곳에서 내린다. 이처럼 인생에는 틀린 길이 없다. 잘못 들어선 길은 돌아서 나오면 그만인 것이다. 서로 다르기에 틀린 것이 아니라, 다른 방식으로 각자의 길을 가는 것뿐이다.

책을 집필하는 작가는 자신의 신념을 바탕으로 세상에 단 하나뿐인 책을 선보인다. 그리고 독자는 자신이 원하는 책을 선택해 읽는다. 이는 자연스럽고 옳은 과정이다. 때로는 읽던 책이 조금 아쉽거나 부족하게 느껴질 수 있다. 그럴 땐 주저하지 않고 비슷한 주제의 다른 작가의 책을 찾아 다시 읽는다. 우리는 시험지를 채점하듯 하나하나 짚어가며 옳고 그름을 꼼꼼히 구분하는 대신, 여러 책을 비교하고 대조하며 나에게 맞는 통찰을 선별하여 정리한다. 그렇게 서로 다른 책을 읽고, 필요로 하는 하나의 결론을 도출한다. 삶에 있어서 독서란, 이처럼 '다름'이 만들어 가는 환상적인 협업이라 할 수 있다.

## 평범함이 특별함이 될 수 있을까

　식사를 마치고 계산을 위해 카운터에 가면, 으레 사탕 바구니가 놓여 있다. 내 손이 그곳으로 향하는지는 오직 한가지 기준으로 결정되었다. 그것은 바로 박하사탕의 유무. 맵고 알싸하면서도 시원한 그 맛이 그렇게 좋았다. 어릴 적에는 알록달록한 알사탕이 무척이나 특별해 보이고 좋았다. 아니, 솔직히 말하면 거짓말이다. 내가 진정으로 좋아했던 건 할머니의 관심이었다. 할머니의 바지 속주머니에는 늘 알사탕이 있었고, 그것은 언제나 남동생 차지였다.
　달콤함으로 시작해 끝까지 달기만 한 그 사탕은 마치 손자를 향한 할머니의 일관된 사랑과 닮아 있었다. 평범한 알사탕은 손자를 향한 할머니의 특별한 사랑이었다. 마을 점방에서 사 먹은 알사탕은 아무런 특별한 맛도 느껴지지 않았고 그저 달기만 했다. 입에 물고 있으면 속이 데었고, 마치 질투하던 나를 벌이라도 주는 듯한 느낌에 끝까지 먹을 수 없었다. 알록달록한 알사탕과는 달리, 순백의 박하사탕은 그 모양과 색이 지극히 평범했지만, 입에 넣으면 눈처럼 사르르 녹아내리곤 했다.

  하얀 눈을 닮은 박하사탕은 어느 순간, 짧은 달콤함을 주고서 자신을 잊으라는 듯 알싸한 맛을 남긴 채 홀연히 사라진다. 헤어지자 말하던 내게 박하사탕 한 바구니를 품에 안겨주었던 남자친구가 있었다. 평소 박하사탕을 좋아하는 취향을 기억하고서 나를 기쁘게 해주려 했던 그 친구는 매운 이별을 가져갔다. 그를 슬프게 하려던 게 아니었던 나는 알싸한 그의 뒷모습을 기억하게 되었다. 식당에서 밥을 먹고 사탕 바구니에 박하사탕이 있으면, 자연스레 그 모습이 떠올랐다. 내 품안의 하얀 눈송이를. 그 눈송이는 오래전 그 친구의 마음속에서 녹아버렸는지도 모른다.

  삶은 좋기만 할 수는 없다. 달콤함만 주는 문장도 없다. 때로는 알싸한 문장들을 읽으며, 마음속에서 녹아내린 문장들이 증발하는 듯 느껴질 때도 있다. 하지만 신기하게도 그 경험들이 어느 순간 다시 눈이 되어 내리곤 한다. 그것이 바로 독서의 순환이자, 평범한 일상 속에서 특별한 의미를 찾아가는 과정이 아닐까 하는 생각이 든다.

어릴 적, 조용히 살고 싶다는 마음이 종종 들었다. 하지만 그 소망은 우리 집 구성부터 허락하지 않았다. 해가 바뀔 때마다 동생은 한 명씩 늘었고, 집안엔 늘 누군가의 목소리와 발소리가 뒤섞였다. 동네 사람들은 우리 집을 '딸 부잣집'이라고 불렀다. 아침이면 엄마를 대신해 동생들을 챙기고 난 후, 허겁지겁 등굣길에 올랐다. 내 선택과 무관하게 평범함에서 멀어지는 삶에 쓸쓸한 마음이 들었다. 마음속엔 '평범'이라는 단어에 대한 막연한 갈망이 자리 잡았고, 10식구라는 숫자가 지워지면 어쩌면 나도 평범해질 수 있지 않을까 하는 이루어질 수 없는 상상을 하며 현실에서 벗어나곤 했다.

나와 비슷한 타인의 삶을 간접적으로 읽으며 깨달았다. 독서는 세상을 바라보는 안경이 되어준다는 것을. 그들의 시선으로 세상을 들여다보자, 내 삶이 조금은 덜 부끄러워졌다. 익숙하고 버겁기만 하던 풍경이 낯설게 다가왔고, 그 속에서 처음으로 '특별함'을 발견했다. 누구도 흉내 낼 수 없는 우리 가족만의 이야기, 그 안의 끈끈한 연대와 정서가 내 안에 단단히 자리 잡고 있다는 걸 알게 된 순간이었다. 그때는 몰랐다. 숟가락이 부딪히는 밥상을 마주하고, 살결을 부대끼며 함께 생활하던 일상의 풍경이 언젠가 그리워질 줄은.

어떤 책은 나를 돌아보게 만든다. 그곳에 가득 쌓인 먼지를 털어내면 마음에 따스한 햇살이 내린다. 또 다른 책은 읽는 내내 영혼이 한 뼘 자라나는 느낌이었다. 그렇게 책 한 권, 또 한 권이 나를 다듬고 안아주며, 내가 특별한 사람이라는 걸 조용히 알려주었다. 인간은 시간과 함께 살아간다. 그것을 인생이라고 한다. 인생은 인간이 쓰는 이야기들로 채워지기 때문에 특별해지는 것이다. 그땐 몰랐고 지금은 안다. 모든 삶은 평범함 위에 세워진 특별한 시간이라는 것을. 책을 읽는 행위는 과거를 돌아보는 행위와 비슷하여 읽으며 그곳에 두고 온 소중한 추억을 데려오도록 해준다.

 살다 보면, 특별한 사람이 되고 싶은 욕심을 품을 때가 있다. 많은 이들이 부자를 부러워한다. 세계적으로 유명한 부자들의 이름은 특별함의 상징처럼 여겨지기도 한다. 그런 그들이 어느 인터뷰에서 가장 갖고 싶은 능력은 책을 빨리 읽는 능력이라는 이야기에 나도 모르게 그만 웃음이 났다. 돈도, 명예도 다 가진 사람들이 바란 것이 결국 '책을 읽는 힘'이라니. 별거 아닌 것처럼 들릴 수 있지만, 어쩌면 그것이 정말 특별한 능력인지도 모른다.
 생각해 보면, 내 곁엔 늘 책이 있었다. 특별한 장비나 큰돈이 없어도 언제든 손을 뻗으면 닿을 수 있는 것. 도서관은 동네 어디에나 있었고, 휴대폰 속 전자책 앱은 상시 대기 상태로 언제든 켤 수 있었다. 남들이 말하는 특별함이란 결국 멀리 있는 게 아니었다. 이미 나의 일상 속에, 책이라는 형태로 조용히 머물러 있었던 것이다. 타인의 눈이 아닌, 나 자신을 통해 나를 사랑하는 길을 걷고 있는 것. 그것이 독서가 내게 준 가장 큰 선물이다.

　타인이 인정해 주는 것보다 자기 스스로 자신을 인정해 줄 때 자신이 가지고 있는 가치는 스스로 빛을 낸다. 우리는 자주 '인정'을 기다린다. 타인이 내 삶을, 나의 가치를 알아봐 주기를 바라며 살아간다. 하지만 정말 중요한 건, 자기 자신을 인정하는 순간이다. 내가 나를 이해하고, 안아주는 그 시간이 삶을 가장 아름답게 만든다. 세상에 이름난 사람들조차 책이라는 '평범한 글'을 읽으며 자신을 채워간다. 글은 홀로는 빛나지 않지만, 읽히는 순간 눈부시게 빛난다. 나 또한 그 눈부심을 여러 번 느꼈다. 페이지를 넘길수록 머릿속에 보석이 하나씩 들어오는 느낌. 그것들은 어느새 나를 나답게 빛나도록 만들어 주었다.

　명품을 사기 위해 새벽부터 줄을 서 있는 사람들의 모습이 뉴스 화면에 비쳤다. 누군가는 몇 날 며칠을 기다렸다가 겨우 가방 하나를 손에 쥐었고, 어떤 이는 다시 되팔기 위해 같은 물건을 몇 개씩 사 모은다. 학생들 사이에서는 유행하는 브랜드 외투를 입지 않으면 왕따를 당하거나 아예 학교에 가기 싫다는 말도 들렸다. 그 외투 하나로 친구들과 어울릴 수 있고, 어른들처럼 '인정받는' 기분이 든다고 했다.
　그 모습을 보자 문득, 정말 우리가 원하는 '특별함'은 그런 것일까? 하는 생각이 들었다. 한정된 수량, 비싼 가격, 남들의 시선을 통해서만 느낄 수 있는 특별함이라면, 그건 너무 쉽게 사라지고 마는 것이 아닐까. 시간이 지나고 유행이 바뀌면, 그렇게 애써 손에 넣은 것들도 결국 평범한 물건이 되어버린다. 그때마다 또 다른 것을 찾아 나서야만 하고, 채워지지 않는 허전함은 반복된다.

나도 한때는 명품을 갖고 싶어 안달하던 시절이 있었다. 남들처럼 특별해지고 싶어서 용돈을 아껴가며 모은 돈으로 명품 가방을 샀다. 그렇게 손에 넣은 첫 명품을 들고 거리를 걷던 날, 세상이 달라 보였다. 남들과는 조금 다른, 어쩌면 더 나은 사람이 된 것 같은 착각에 뛸 듯이 기뻤다. 하지만 그 기분은 오래가지 않았다. 처음의 들뜸은 며칠 만에 무뎌졌고, 그 가방보다 더 비싸고 세련된 물건들이 눈에 들어오기 시작했다. 내가 손에 쥔 명품은 금세 평범해졌고, 그 특별함은 생각보다 쉽게 사라졌다. 그제야 깨달았다. 내가 진짜 원했던 건 명품 그 자체가 아니라, '나도 괜찮은 사람'이라는 믿음이었음을. 그리고 그 믿음을 물건에 기대는 한, 만족은 늘 짧고 허무할 수밖에 없다는 걸 말이다.

우리는 종종 특별함을 바깥에서 찾는다. 그러나 남들이 부러워하는 화려한 이력과 유명한 브랜드라는 특별함은 늘 유통기한이 짧다. 시간이 지나고 눈이 높아지면, 또 다른 '더 특별해 보이는 것'을 찾아야만 한다. 그렇게 끝도 없는 갈증만이 남는다. 이제는 안다. 진짜 특별함은 오히려 평범한 일상 속에 숨어 있다는걸. 매일 읽는 책, 사소한 습관, 작지만 나만의 이야기를 품은 시간들이 모여 나를 조금씩 단단하게 만들고, 겉이 아니라 안에서 빛나는 특별함을 길러준다.

어쩌면 우리가 놓치고 있는 건, 특별함이란 바깥에서 찾는 것이 아니라는 사실이다. 진짜 특별함은 내가 쌓아온 시간, 내가 품은 생각, 그리고 나를 지탱해 주는 아주 사소한 일상에서 자란다. 남들이 알아보지 않아도 좋다. 조용하게 묵묵히 자신만의 것을 채워가는 사람은 어느 순간 저절로 빛난다. 특별함은 화려한 포장이 아니라, 오랜 시간 정성껏 길러온 내면의 깊이에서 비롯되는 것이다.

우리는 오히려 특별함에 목매지 말고 평범한 일상, 대화, 시간, 경험 들을 접하며 아이디어가될 만한 것들을 찾아야 한다. 평범함이 없다면 특별함도 없다.

평범한 사람이 특별해지는 것은 생각보다 간단하다. 바로 누구나 똑같이 하는 비슷한 생각에서 벗어나, 자신만의 고유한 생각을 더하는 것이다. 평범하다고 해서 주눅들 필요는 전혀 없다. 마치 'ㄱ'을 뉘우면 'ㄴ'이 되듯이, 기존의 방식에 자신만의 생각 한 스푼을 첨가한다면 완전히 새롭고 특별한 방식이 탄생할 수 있다. 우리는 오히려 특별함에 맹목적으로 매달리기보다, 평범한 일상, 대화, 시간, 경험 속에서 아이디어가 될 만한 것들을 찾아야 한다. 평범함이 없다면 특별함 또한 존재할 수 없기 때문이다. 이러한 맥락에서 독서는 평범함 속에서 특별함을 갖춰나가는 가장 강력한 도구 중 하나가 된다.

  나는 믿는다. 매일 책 한 줄 읽으며 내가 조금씩 더 나아지고 있다는 것을. 무심히 지나치는 일상 속에 특별함은 숨겨져 있다. 값비싼 물건이 아니라, 마음을 쌓고 생각을 키워 주는 시간 속에. 평범함은 특별함의 씨앗일지도 모른다. 읽고, 느끼며 자란 하루하루가 결국 나를 만든다. 그렇게 나는 오늘도, 내 손안의 책 한 권과 함께 조금 더 나를 사랑할 수 있게 된다.

## 목표 없는 독서도 괜찮아

2024년을 돌아보면, 참으로 인상적인 한 해였다. 우리나라에서 제 124회 노벨문학상 수상자가 탄생했다. 그 인기를 증명하듯, 온라인과 오프라인 서점마다 해당 작가의 작품을 손에 넣으려는 이들로 예약 주문이 쇄도했다. 오랜만에 연락이 닿은 지인 A 씨도 그 흐름 속에 있었다. 평소 책을 자주 읽지 않지만, 노벨문학상 수상이라는 타이틀이 호기심을 자극했다고 한다. 우리나라 작가의 수상에 궁금증은 물론 기대감까지 커져서 작품을 꼭 읽어 보고 싶다고 한다. 주문을 하고 설레는 마음으로 책이 도착하길 기다리는 마음을 감추지 못했다. 수화기 너머로 전해지는 들뜬 목소리가 나까지도 괜히 기분 좋게 만들었다. 책을 기다리는 마음은 애인을 기다리는 마음과 닮아 있는 것 같다. 설렘, 기대, 그리고 조금은 조심스러운 떨림까지.

얼마 후 다시 연락이 닿았을 때, A 씨의 목소리는 전에 없이 차분하고 무거웠다. 무슨 일이 있었던 걸까 걱정이 앞섰지만, 다행히도 어떤 사건이 아닌, 책이 불러온 깊은 감정 속에 머물러 있었을 뿐이었다. 한 작가의 여러 책을 연이어 읽다 보니, 마음 한편에 먹구름이 자욱이 낀 듯한 기분에서 빠져나오기 어려웠다고 했다. 고요하지만 짙은 슬픔이 오래도록 남아 그 감정을 꾹꾹 눌러 담아 이야기하는 지인의 속내를, 나는 한참 동안 말없이 들어주었다. 가볍게 즐기고자 펼친 책이 뜻밖의 파장을 남기고, 오히려 독서에서 멀어지게 되는 건 아닐까. 그런 생각이 조심스레 마음을 스쳤다. 독서는 쉽게 얻는 쾌락이 아니기에, 누구에게나 즐거운 활동일 수 없다. 마치, 책은 언제나 기쁨을 보장해 주는 존재가 아니라는걸, 그 안에 슬픔도 고요도 불편함도 함께 존재한다는 걸 일깨워 주는 듯하다.

오랫동안 우리는 책을 어딘가 신성한 존재처럼 여겨왔다. 경건히 모셔야 할 지식의 보고, 함부로 대하면 안 될 듯한 무게감까지. 하지만 그 신성함은 아이러니하게도 책과 거리를 두게 만드는 모순을 품고 있다. 어렵게 느껴져서, 이해하지 못할까 봐서, 마음이 닿지 않을까 봐 아예 펼치지 못하는 사람들이 있다.

그러나 사실, 책은 그저 책일 뿐이다. 누군가의 마음이 스쳐 지나가고, 손길이 닿은 흔적이 남아 있을 뿐. 신성시해 온 책도, 끝내 펼치지 못한 책도 결국 인간의 숨결을 품고 있다. 다양한 언어만큼이나 다양한 해석이 존재하고, 그 해석은 시공간의 제약 없이 흘러간다. 책 속의 길은 다름 아닌 '자기 자신'에게 가닿는 길이기에 누구에게나 열려 있다. 그러니 읽다가 길을 잃어도 괜찮다. 헤매고 돌아가도 괜찮다. 독서란 애초에 어디에도 구속되지 않는, 아주 자유로운 행위이므로.

해가 바뀌면 사람들은 저마다 새로운 계획을 세운다. 운동, 다이어트, 여행, 투자, 그리고 독서까지. 더 나은 자신을 그려보며 머릿속에 리스트를 만든다. 나 역시 해마다 계획을 세운다. 그리고 그 안에는 언제나 빠지지 않고 독서가 있다. 다만, 특별한 목적이 있어서라기보다는 익숙하지 않은 장르를 한 번쯤 읽어보려는 마음 정도로 '목표'보다는 '기대'에 가까운 감정이다. 한 번 읽고 잊히는 문장이 아니라 시간이 지나도 사랑하는 이의 얼굴처럼 자꾸만 생각나고 곱씹게 되는 문장들을 만나는 기쁨, 그것이면 충분하다. 정말이지 인생은 짧고 읽을 책은 많다. 사람은 떠나가도 책은 남는다는 것을 알게 된 이후로 습관처럼 책을 읽었다. 그것은 애착이자 위로였고, 어느새 삶의 일부가 되었다. 무엇에도 얽매이지 않고, 오직 내 삶을 위해 책을 읽어 나간다.

나를 결정짓는 건 나의 행동이고, 그 행동을 이끄는 건 결국 내 안의 생각들이다. 생각하는 '온전한 나'로 살아가기 위해 나는 오늘도 책을 펼친다. 매 순간을 조금 더 따뜻하게, 조금 더 깊이 느끼기 위해서이다. 나는 책을 읽으며 무엇을 기억하려 애쓰지 않는다. 오히려, 잠시 잊기 위해 읽는다. 현실의 소란을 잠시 내려놓고, 책이 안내하는 여행 속으로 걸어 들어간다. 무엇 '때문에' 읽는 것이 아니라, 그냥 읽는다. 그리고 그 '그냥'이 때때로 가장 깊고 진한 의미가 되어 다가오기도 한다.

독서하면서 어제와 같은 하루여도 비슷한 생각을 하지 않게 되었다. 책을 오래 읽다 보니, 문득 그런 생각이 들었다. '나도 한번 써보고 싶다.' 처음엔 어색하고 막연한 감정이었다. 우리는 매일 글을 소비한다. 이처럼 글을 쓴다는 건 자연스럽고 당연한 일이지만, 내겐 다소 먼 이야기처럼 느껴졌다. 하지만 이상하게도 자꾸만 마음 한편에서 그 생각이 자라났다. 책 속의 문장들이 내 마음을 두드릴수록, 나 또한 내 안의 이야기들을 꺼내 보고 싶어졌다. 그렇게 나는 독자로 시작해, 조금씩 '쓰는 사람'이 되어갔다. 거창한 계기는 없었다. 단지 매일 책을 읽고, 감동한 문장을 필사하고, 책 한 권을 덮은 후에 느낀 생각을 조용히 기록하는 일들을 이어갔을 뿐이다.

아주 사소한 기록들이 쌓이자 그것은 하나의 방향이 되었고, 언젠가부터 '책을 쓰는 나'를 그리게 되었다. 놀랍게도, 그 상상은 현실이 되었다. 익숙한 공간, 반복되는 일상 속에서 조용히 쌓아온 읽기와 쓰기의 시간들이 결국 한 권의 전자책으로 모습을 드러냈다. 책을 읽는 일은 단지 '읽는 데서 끝나는 것'이 아니었다. 그것은 내 안에 잠들어 있는 또 다른 나를 깨우는 시작이었다. 그리고 이제 나는, 누군가의 책장에 꽂힐 수 있는 문장을 꿈꾸는 사람이 되었다.

다양한 분야의 책을 읽으면 전혀 다른 주제를 다룬 듯 보이던 책들조차 결국엔 촘촘하게 연결되어 있음을 알게 된다. 어떤 방식으로든, 서로 유기적으로 연결되는 것이 책이다. 그렇게 책은 세상의 조각들을 엮어주는 보이지 않는 실처럼 존재하고 있다. 독서가 우리에게 주는 선물은 관조와 성찰 그리고 통찰, 이 세 가지가 아닐까. 고요한 마음으로 사물이나 현상을 관찰하게 되는 관조, 자기 마음의 반성과 동시에 살피는 성찰, 예리한 관찰력으로 꿰뚫어 보는 통찰까지 이 모든 것을 한 바구니에 담는 것이 독서이다. 책을 읽어야만 하는 목표가 없더라도 괜찮다. 인생에서 하루가 우리에게 주어진 선물이라면 독서는 그 안에 담긴 또 하나의 선물일 테다. 독서는 우리가 세상을 바라보는 방식을 조용히 바꾸어 놓는다.

당신의 지금, 이 순간은 다시 돌아오지 않는다. 당장 내일조차 예측할 수 없는 인생 속에서, 무엇인가 시도하고 싶은 일이 있다면 주저하지 말고 바로 시작해야 한다. 나 역시 그런 마음으로 본능처럼 책을 펼친다. 읽지 않는 순간은 어딘가 허전하고 채워지지 않는 갈증처럼 느껴지곤 한다. 내게 있어 독서란 언젠가 삶이 고통스럽고 절망스러울 때 꺼내 쓸 수 있도록 단단한 마음을 차곡차곡 적립해두는 일이다.

책은 목소리를 잃은 언어의 침묵이지 않을까 하고 생각한 적 있다. 몰입하여 읽다 보면 눈물이 맺히곤 한다. 찬미의 눈물이 아니라 무력함의 눈물일 때도 있고, 위대한 글의 아름다움 때문일 때도 있다. 책은 인간의 힘으로 감당하기엔 너무나 벅찬 희열의 절정을 선사한다. 하나의 세계에 기록된 발자취를 따라 걷는 일은 즐거운 일이다.

사람들은 시간의 무료함을 달래기 위해 가벼운 마음으로 유튜브나 OTT를 시청한다. 나는 무료함을 달래고 싶을 때 고민 없이 책을 집어 든다. 책에는 곱씹을수록 더 깊이 배어드는 아름다운 문장들이 있고 그 문장들에 취해 연연하지 않을 수 없다. 책을 덮고도 한동안 빠져나오지 못하며 그리움에 넋을 놓기도 한다. 아름다움을 표현하기 위해 사용된 품사들을 찾기 위해 이곳저곳을 뛰어다니느라 무료할 시간 없이 바쁘다. 한 권의 소설로부터 기대하지 않았던 기쁨의 호사를 누린다.

한동안 특정 작가의 작품에 깊이 빠져 지낸 시간이 있었다. 그 작가의 책들은 책장을 넘기는 손이 멈추지 않을 만큼 몰입감을 안겨주는 소설들이었다. 빠른 전개와 복잡하게 얽힌 스토리, 그리고 무엇보다도 간결하면서도 날카로운 심리 묘사는 읽는 이를 단숨에 이야기 속으로 끌어들였다. 내게 그 작가는 '책을 읽기 시작하면 반드시 끝까지 읽게 만드는 작가'로 자리 잡았다. 기대하지 않았던 감정이 어느 순간

불쑥 올라오기도 했고, 그 감정에 나를 내맡기면서 비로소 '독서를 즐긴다'는 것이 어떤 의미인지 온전히 이해하게 되었다.

글을 쓰는 사람은 예술을 쓰는 사람이라고 생각한다. 활자에 혼을 담아 종이 위에 무수히 많은 세계를 빚어내는 사람들을 존경하고 사랑한다. 글은 그 자체로 상상력의 도구가 되어 세상을 새롭게 쓴다. 작가가 끝맺은 마지막 장으로부터 나만의 시선으로 채워나가기 시작한다. 작가와 독자의 공통점은 언어로 '살아가는 사람'이라는 것이다. 글을 쓰는 작가는 글로써 독자를 살아가게 하고 글을 읽는 독자는 그 글을 통한 감화로 작가를 살아가게 한다. 작가와 독자는 서로 순환한다.

꼭 무언가를 배워야 한다는 부담 없이, 가볍게 펼친 책 한 권이 예상치 못한 파문을 남기기도 한다. 목표도 계획도 없이 읽은 책이 오히려 마음속 깊은 어딘가를 건드리며 잔잔한 여운을 남긴다. 나는 그런 독서도 괜찮다고 생각한다. 목적 없는 독서도 나름의 방식으로 우리를 미지의 세계로 데려간다. 어쩌면 마음이 준비되어 있지 않기에 더 솔직하게, 더 깊이 다가오는 걸지도 모른다. 그러니 오늘만큼은 아무 이유 없이 책장을 넘겨도 좋을 것 같다. 어떤 울림은, 계획하지 않은 순간에 가장 선명하게 다가오니까.

## 오늘의 독서는 내일의 기쁨이 된다

블로그를 처음 시작했을 무렵, 내 글은 무겁고 어두웠다. 그도 그럴 것이, 그동안 '글을 쓴다'는 건 나에게 있어 책을 읽고 짤막하게 남긴 기록이나 생일처럼 특별한 날에 쓰던 편지가 전부였다. 막상 '글'이라는 것을 진지하게 쓰려니 막막함부터 밀려왔다. 어디까지 나를 꺼내야 하는지, 무엇을 소재로 써야 할지 기준은 모호했고, 그저 잘 쓰고 싶다는 욕심만 잔뜩 있었다. 책에서 얻은 조언이라곤 "솔직한 글이 힘이 있다"라는 한 문장뿐이었다.

욕심은 글에 힘이 들어가도록 만들었고, 그 힘은 방향을 잃은 채 엉뚱한 곳을 찔렀다. 미처 상처라고 여기지 못했던 내 안의 상흔들이 글 속에서 불쑥 고개를 들었다. 어릴 적, 아빠의 술주정과 폭언이 내 마음 한쪽에 깊이 새겨져 있었던걸, 그때 처음 알게 되었다. 어른이 된 지금까지도 "왜 그랬는지"보다는 "왜 아무 말도 하지 못했는지"가 나를 붙들고 있었다. 애써 외면해 왔던 그 기억들이 문장 사이사이에서 고스란히 드러났고, 나는 그것을 쓰는 사람이면서 동시에 그 글에 찔리는 사람이 되었다. 생각보다 아팠다. 깊은 곳에서부터 고통이 느껴졌다.

글이 점점 더 어두워지던 시기, 나는 운명처럼 필사를 접하게 되었다. 처음엔 단순히 독서 기록의 연장선이라 여겼지만, 곧 그것이 단지 '기록'에 머무는 일이 아님을 깨달았다. 책을 읽고, 문장을 고르고, 따라 쓰는 그 모든 과정은 읽는 것과 쓰는 것의 경계를 흐리게 만들었다. 독서와 필사는 따로 떨어진 두 개가 아니라, 하나의 숨결처럼 이어지는 작업이었다. 문장을 따라 쓰는 것은 곧, 문장을 더 깊이 읽는 일이기도 했다. 하지만 시작은 쉽지 않았다.

인디언 속담 중에 '빨리 가려면 혼자 가고, 멀리 가려면 함께 가라'는 말이 있다. 단기간의 변화가 아닌 먼 거리를 내다보고 시작하고 싶었기에 함께 할 사람들을 찾아 나섰다. 하지만 소외당할까 봐, 반겨주지 않을까 봐 단체 채팅방에 들어가는 것조차 두려웠다. 만나본 적 없는 이들이 내 글씨와 글만 보고 나를 어떻게 생각할지 괜히 불안해졌다. 무리에 속해 무언가에 참여한다는 건 내겐 익숙하지 않은 일이었기에, 매일 필사를 인증하는 것도 긴장의 연속이었다. 아무렇지 않게 인사하고, 자연스럽게 채팅창에서 말을 주고받는 이들이 내심 부럽기까지 했지만, 나는 포기하지 않았다. 그러자 신기하게도 매일의 필사는 내게 꼭 맞는 옷처럼 자연스러워졌다.

짧은 문장이었지만, 필사는 마치 그날의 나를 위해 건네진 말처럼 가슴에 와닿았다. 눈으로 한 번, 입으로 한 번 문장을 천천히 읽고, 손으로 따라 쓰며 그 문장에서 시작된 감정과 생각을 나만의 글로 풀어냈다. 읽고 쓰는 이 행위는 어느새 내 안에 응축된 마음의 언어를 밖으로 꺼내도록 만들었다. 그 시간이 차곡차곡 쌓여갈수록, 깊은 심연 아래 가라앉아 있던 내 마음이 서서히 끌려 올라오는 것을 느꼈다. 조금씩, 아주 조금씩, 마음이 가벼워지고 있었다. 그러던 어느 날, 내 필사 글 아래 이런 댓글이 달렸다.

"이웃님, 글이 밝아졌어요."

수많은 문장 중에서 이 짧은 말이 내 마음을 깊숙이 흔들었다. 나는 누구보다도 내 글이 어두웠다는 것을 알고 있었다. 내가 쓴 글이었으니까. '밝아졌다'는 말은 그저 문장에 대한 느낌이 아니었다. 나라는 사람의 변화에 대한 직감이었다. 책 한 권을 다 읽지 못하고, 한 문장만을 필사한다는 것은 때로 어려운 일이다. 문장의 맥락을 이해하지 못하면 뜻이 흐릿해지기 때문이다. 그러나, 필사는 생각을 머무르게 만드는 힘이 있으므로 한 권의 독서보다 때론 더 값진 시간을 만들어 준다. 그 문장이 담고 있는 의미와 작가의 의도를 탐구하게 만드는 과정은 결과적으로 단 하나의 문장에서도 깊은 울림을 얻고 귀한 경험으로 이어진다.

문장을 바라보고, 또 바라보며 집중하다 보면 어느 순간 머리에는 스위치 하나가 켜지듯, 단어들이 새로운 불빛으로 다가온다. 그 반복 속에서, 나의 마음에도 하나 둘 불이 켜지기 시작했고, 그것을 이웃이 먼저 알아봐 준 것이었다. 그날 이후로 나는 종종 생각한다. 나의 마음에 불을 밝혀준 문장은 과연 어떤 문장이었을까? 그 문장을 정확히 떠올릴 수는 없지만, 분명한 것은 그 순간의 독서와 필사가 내일의 기쁨이 되어 돌아왔다는 것이다.

책을 읽으며 마음에 드는 문장을 발견하면 포스트잇을 붙여 둔다. 책을 다 읽고 나면 포스트잇이 붙은 부분만 다시 정독한다. 다시 읽었을 때도 여전히 마음에 남는 문장은 그대로 두고 이제는 헤어져도 되겠다 싶은 문장 앞에서는 조용히 헤어진다. 이 과정을 몇 번 반복하면서 마지막 한 문장을 나만의 것으로 남겨둔다. 책을 다 읽고 서평을 적으며 마지막 한 문장을 필사하고 그 문장에 대해 나만의 생각을 덧붙인다. 이 과정이 루틴이 되어 책을 읽을 때마다 반복하고 있다. 그렇게 매일 마음의 불을 밝히는 전류가 흐르기 시작했다.

나는 내 마음에 불이 켜지기를 간절히 원했다. 컴컴한 밤, 수많은 책을 읽으며 내면을 비춰줄 한 줄기 빛을 찾아 헤맸다. 그리고 결국,

나는 그 빛을 찾았다. 이제 독서를 멈추지 않는 한, 내 마음의 불은 꺼지지 않을 것이다. 왜냐하면 계속 읽지 않고 살 수 없다는 것을 스스로 잘 알고 있기 때문이다. 마음의 겨울을 나기 위해 미리 문장을 수집하고, 흉년을 대비하듯 좋은 문장을 쌓아두는 일에 바빠진다. 그렇게 모인 시간과 문장들이 내 마음을 조금씩 따뜻하게 덥혀주고, 결국 나를 기쁘게 만든다. 좋은 문장 하나가 한 사람의 계절을 바꾼다는 것을 믿는다. 더불어 풍부하고 충만한 감정이 당신에게 기쁨을 주기 위해 기다리고 있다.

책은 다양한 문화를 증언하는 수많은 매체 중, 유일하게 기록으로 남아 사람과 사람을 이어준다. 스토리텔링은 세기를 관통하는 보편적이고도 독특한 문화다. 경우에 따라서 기억은 인간의 수명과 함께 사라지기도 하지만, 글로 남은 기억은 시간 너머로 이어진다. 사람들이 읽고 전하는 이야기는 곧 문화가 되고, 문화는 한 시대를 살아간 이들의 생활 방식은 물론, 그들의 생각이 응축된 결정체다. 우리는 책을 읽으며 이야기를 풀고, 그 위에 다시 사람과 사람을 세운다. 독서라는 독창적인 문화는 과거와 현재, 그리고 미래를 이어준다.

최근 2030세대를 중심으로 '읽는 것이 멋진 것'이라는 텍스트힙 문화가 주목받고 있다. SNS에 자신이 읽는 책을 인증하거나, 독서 모임과 필사 등 독서 활동을 공유하는 모습이 자연스럽게 하나의 문화로 형성되었다. 인스타그램에 '책스타그램'이나 '북스타그램'을 검색하면 수백만 건의 게시물이 쏟아진다. 여기에 발맞춰 출판사들도 '책꾸(책 꾸미기)' 문화에 발맞추어 다양한 시도를 이어가고 있다. 예전에는 책을 읽지 않는 사람들을 향한 질책이 먼저였고, 독서는 마치 고귀한 예술처럼 여겨지곤 했다. 어쩌면 글을 읽고 쓸 줄 아는 집권층의 사고방식에서 벗어나지 못한 채 머물러 있었는지도 모른다. 이제는 그런 무게감을 내려놓고, 책을 읽는 경험 자체를 일상의 즐거움으로 받아들이는 변화가 필요하다.

　책은 결국, 읽는 사람이 있어야만 존재할 수 있다. 그런 점에서 텍스트힙 문화가 사뭇 반가웠다. 일부에서는 이를 허영이나 과시로 바라보기도 하지만, 나는 그것이 문화를 능동적으로 소비하고 만들어가는 주체적인 움직임이라고 생각한다. 나이를 불문하고 꾸준히 책을 찾는 사람들이 늘어날 때 세대와 문화는 촘촘하게 이어질 것이다. 책을 가까이하는 일상은 단지 오늘을 채우는 데 그치지 않는다. 그 꾸준함은 어느새 삶의 근육이 되어, 내일을 지탱하는 힘이 된다.

　책을 통해 축적된 조용한 깨달음은, 우리가 지켜야 할 문화의 의미를 다시 바라보게 만든다. 문화는 늘 두 얼굴을 가지고 있어 어떤 것은 사라지고, 어떤 것은 살아남는다. 오리엔탈 문화나 헬레니즘 문화는 지금은 사라졌지만 여전히 우리의 기억과 사유 속에 살아 숨쉬고 있다. 우리는 그 오래된 울림을 잊지 말아야 한다. 요즘은 문화의 생명이 마치 인간의 수명처럼 짧아졌다. 빠르게 변하는 기술과 문명 속에서 인간이 적응해 가듯, 책과 글도 변화하는 시대에 맞춰 새로운 자리를 찾아야 한다.

독서는 운동과도 닮아 있다. 처음에는 가벼운 아령처럼 시작하지만, 차근차근 쌓여 어느새 튼튼한 삶의 기반이 된다. 그렇게 독서는 오늘의 고요한 몰입을 통해, 내일의 기쁨을 준비한다. 책장을 넘기는 그 시간 속에서 우리는 더 나은 내일을 만난다. 원하는 책을 읽었을 때는 같은 가치관을 따르고 있는 친구와 이야기하는 것만 같아 마구마구 행복해진다. 페이지를 넘길수록 대화가 무르익으며 도파민이 분출된다. 나를 온전히 이해해 주는 사람과 함께 있을 때의 그 편안함을 책 속에서 똑같이 경험한다. 책은 말한다. 삶의 기쁨이 반드시 거창할 필요는 없다고. 삶의 기쁨은 소소한 일들이 어울리며 만들어내는 화음을 듣는 것임을 안다. 오늘의 독서는 내게 들려줄 기쁨의 선곡 리스트다.

## 책을 읽는 사람이 행복할 수밖에 없는 이유

주말, 전화벨이 울린다. 친언니의 전화다.

"여보세요."

"뭐 하고 있어?"

"책 읽고 있는데~."

"주말이면 쉬어야지 무슨 책이야~"

내가 거르지 않고 매일 하고 있는 것이 있다. 그것은 바로 독서다. 5분을 읽든, 10분을 읽든, 1페이지를 읽든 10페이지를 읽든 독서를 게을리하지 않는다. 내가 무엇을 할 때 행복을 느끼는지 알고 있기 때문이다.

예전에는 내가 무엇을 할 때 행복한지 몰랐다. 아니, 알려고 하지 않았다. 행복은 찾는 것이 아니라 주어지는 조건처럼 여겼던 것 같다. 그러다 문득, 내가 나를 잘 모르고 살아가고 있다는 사실을 깨닫게 됐다. 나는 두려움이 많고 자존감도 낮은 사람이었다. 자존감이 낮은 이유는 격려와 칭찬이 존재하지 않았던 가정 환경의 영향이 크게 자리하고 있었다.

학생 수가 적은 시골에서는 6년간 같은 친구들과 한 반으로 지내야 하는 것은 물론, 중학교도 한 학교로 배정받는 것이 자연스러운 흐름처럼 진행되었다. 한 번 실수는 초등학교를 졸업할 때까지 따라붙기 때문에, 행동이 조심스러울 수밖에 없었다. 차라리 눈에 띄지 않는 편이 편했다. 누군가 우리 가족을 노골적으로 놀려도 괜찮은 척해야 했고, 일부러 어깨를 밀치고 지나가는 걸 알면서도 아무렇지 않은 척해야 했다. 그렇지 않으면 앞으로가 힘들어진다는 걸 직감으로 알았던 것 같다. 타인이 나에게 했던 말이 아닌, 내가 나 자신에게 '괜찮아'라고 했던 말이 가장 잔인한 일이 되었다.

정말 힘들면 괜찮다는 말조차 할 수 없다. 나와 비슷한 사람은 어디에 있을까. 마음을 털어놓고 이야기하고 싶었다. 그리고 무엇을 어떻게 해야 상황이 바뀌는지 알고 싶었다. 그런 나에게 독서는 '다른 가능성'을 보여주는 창이 되었다. 상황이 여의치 않아도 내가 할 수 있는 선에서 열심히 찾아 읽었다. 그러자 현실의 고통보다 더한 시련을 보여주면서 다독여 주었고, 내 마음의 모진 말들을 묵묵히 들어주며 외로움에 떠밀려 가지 않도록 붙잡아 주었다.

 투자의 필요성을 느껴 투자를 시작했을 때, 샛길로 새지 않고 올바른 투자를 이어갈 수 있었던 것은 늘 곁에 있던 책 덕분이었다. 소설을 자주 읽던 나는, 결혼 후 '투자'라는 새로운 목적에 눈을 떴다. 투자자로서 알고 있는 사람은 워런 버핏이 유일했다. 어디서부터 시작해야 할지 몰라 무작정 도서관으로 향했고, 실전 투자에 관한 도서 목록을 뒤적였다. 하지만 점점 이상하다는 느낌이 들었다. 종목 추천서들은 많았지만, 왜 그 책들을 읽고 진짜 부자가 된 사람은 드물까 하는 의문이 생겼다. 결국 방향을 틀었다. 종목이 아닌 '사고방식'부터 차근차근 알아보기로.

 어떤 생각을 하는 사람이 부자가 되는지, 어떤 마음가짐이 필요한지를 알고 싶었다. 도서관에서 실전투자가 아닌 처음으로 마인드 관련 서적을 대여한 날, 내 발걸음은 구름 위를 걷는 듯 가벼웠다. 대다수의 사람은 발견하는 즐거움을 모르고 살아간다. 인간은 기본적으로 성취욕이 있다고 한다. 나는 오래전부터 책을 읽으며 발견하는 즐거움이 무엇인지 알고 있었다. 그래서인지 목표를 향해 나아가는 과정에서 생기는 에너지가 일상에 활력을 더해주었고, 노력의 결실이

머지않아 만져질 것 같은 예감이 들었다. 그리고 알았다. 자존감이 없는 것이 아닌 지금껏 숨기고 있었다는 사실을.

성공의 크기는 경험이 좌우한다, 인간은 막대한 수익을 거머쥘 확률이 아니라 가능성에 민감하게 반응한다, 투자는 과학이 아니라 기술이다, 돈이 목표가 아니라 돈이 목표를 이루기 위한 수단이 되어야 한다, 사람들은 항상 기준을 재설정하기 때문에 재산 자체로 행복을 느끼지 못한다 등 책을 읽고 나만의 방식으로 정리하며, 차근차근 관련 도서를 섭렵하여 투자할 때 필요한 태도와 인식은 물론, 사고방식까지 탄탄하게 다져갔다.

읽으며 놀라운 발견을 했다. 투자하기 위한 마인드는 삶을 대하는 마인드와 다를 바 없다는 것이다. 자녀들의 정서적 교육에 투자하는 것이 진정으로 인생을 즐기는 하나의 방법이 된다는 것을 알게 되었다. 투자를 물건의 가치로만 여겼던 내게 투자를 사람으로 연결 짓자 내 마음은 일순간 얼어붙었다. 투자는 숫자로 이뤄진 세상에 존재하는 것이 아니다. 투자는 사람이 하는 일이다. 사람이 하는 모든 작은 일부터 인생의 투자가 되는 것이었다. 책은 읽어야만 그 내용을 알 수 있고 책을 읽는 것은 숙달이 되어야만 책이 들려주는 깨달음을 얻을 수 있다. 독서가 완선히 봄에 배었을 때 시예노 완선해신나.

자녀를 올바르게 키워내는 것만큼 훌륭한 투자가 어디 있을까. 벌어진 입을 한동안 다물 수 없었다. 새로운 발견은 언제나 즐겁다. 그리고 유익하다. 새로운 발견의 대부분은 책을 읽으며 이루어지고 있다. 내 인생이 즐거울 수밖에 없는 이유가 바로, '발견하는 기쁨' 여기에 있었던 것이다. 그 뒤로 세계 경제가 걸어온 역사는 물론 투자가 이뤄지는 근본, 달러가 세계를 움직이는 이유 등이 자연스럽게 궁금해졌다. 이러한 궁금증은 행동 경제 독서로 확장되었고 그동안 읽었던 도서와 자연스럽게 연결되었다.

시작은 그저 투자해서 돈을 벌고 싶다는 마음에서였다. 계란을 한 바구니에 담지 않으며 일희일비하지 않았다. 소외되는 것에 대한 두려움(FOMO)도 무시하고 꾸준히 적립식으로 매수하고 욕망과 유혹의 문을 걸어 잠갔다. 바깥세상의 소음이 고소한 팝콘으로 튀겨질 때도 투자할 수 있었던 이유는 책이 나에게 말하고 있었기 때문이다. "잘하고 있다고, 투자는 그렇게 하는 거라고." 책을 통해 리먼 브러더스 사태와 인플레이션, 금융투기, 달러 등을 이해하며 역사가 반복되고 있다는 사실을 배운 까닭으로 현재 일어나는 일들이 놀랍지 않게 다가왔다.

읽는 시간이 늘어날수록 실천하고 있는 투자 방식에 대한 믿음이 단단하게 뿌리를 내리고 있다. 독서는 부자로 만들어 주는 동시에 현명한 사람으로 만들어 준다. 행여 어떻게 할 수 없는 힘에 이끌려 지금까지 이뤄낸 부가 한순간 사라지는 일이 발생하여도 지혜는 남는다는 것을 안다. 지혜가 있다면 다시 일어설 수 있다. 당신이 성공하고 싶고 부자가 되고 싶다면 주변 사람들의 이야기보다 책 한 권을 더 읽으라고 권하겠다. 부자가 되려면 부자들의 사고방식을 알아야 한다는 말처럼 책을 읽으며 그들의 사고방식을 미리 체득할 수 있다. 그들의 눈에 비친 세상이 어떤 모습으로 보이는지, 그들이 부자가 되기 위해 가져야 했던 지식이 무엇인지 따라서 보고 배울 수 있다. 책을 읽는 사람은 두렵지 않다. 두려움이 없는 사람은 행복할 수밖에 없지 않을까.

"넌 조용하고 차분하구나." "넌 마음이 착하구나."라는 칭찬을 들으면 마음속에서 "난 아니야."라며 그 말을 온몸으로 거부했다. 나에게 상처 주고 있는 것은 누구도 아닌 바로 나 자신이었다는 사실이 슬프고 애처롭게 느껴졌다. 상대방이 화가 났을 때 어떤 행동을 하는지 알고 있기 때문에 무서워서 조용히 있었고, 타인에게 피해를 주면 혼날까 봐 두려워 먼저 움직였을 뿐이었다. 한마디로 걱정이 많은 아이였다. 태연자약하지 못하고 전전긍긍하며 시간에 우롱당하는 내가 싫었다. 나는 이기적으로 사는 것이 나쁜 줄 만 알았다. 하지만 수많은 책에서는 이타적이면서도 이기적일 수 있다고 말해 주었다.

인간 관계에서 자유로워지는 기술은 거창하지 않다. 단순하지만 강력한 진실 하나를 받아들이는 것, 바로 '타인의 감정을 내 책임처럼 짊어지지 않는 것'이다. 어디서든 사람이 모이면 보이지 않는 심리의 줄다리기가 시작된다. 말 한마디, 눈빛 하나에도 의미를 부여하고, 상대의 기분을 해석하느라 마음이 바빠진다. 문제는 그 줄다리기에서 매번 중심을 잃고, 타인의 눈에 비친 나의 모습에만 집착할 때다.

우리는 종종 타인의 인정이 삶의 필수 조건인 양 착각한다. 물론 사랑받고 인정받는 것은 분명 따뜻하고 위로가 되는 삶의 긍정적인 경험이다. 하지만 그것이 없다고 삶이 무너지는 건 아니다. 모든 사람에게 사랑받는 건 불가능하다. 중요한 건, 그 불가능한 기대를 내려놓는 용기다. 누군가 당신을 외면하거나 받아들이지 않는다 해도 괜찮다. 그보다 훨씬 중요한 건, 자기 자신을 받아들이는 일이다. 내가 나를 외면하는 순간, 자유는 멀어진다. 타인의 감정에서 한 발짝 물러나, 나를 다시 바라볼 수 있을 때, 비로소 관계에서 자유로워질 수 있다. 책은 그저 묵묵히 그 자리에서 있어 주고, 세상이 온통 빨간 불일 때 내 마음이 안전하게 지나갈 수 있도록 초록불을 점등 시켜주었다. 나는 지금도 마음이 복잡할 때면 책을 집어 든다.

사람들은 겸손을 방패 삼아 부끄러움, 두려움, 창피함 뒤로 숨는다. 기존의 사고방식이나 틀을 바꾸는 리프레이밍(Reframing)이 필요하다. 목적이 있음에도 불구하고 방황하는 사람들에게 독서를 권하고 싶다. 삶은 서툰 것 천지다. 처음 해보는 일 앞에서 잘할 수 없고 능숙하게 해낼 수 없어서 불안한 마음이 자꾸 커지는 것은 당연하다. 반대로 처음 해보지만 어디선가 본 적 있다면 마음의 안도를 가져오며 불안을 낮춰준다. 책을 읽는 사람은 어디에서 무엇을 하더라도 마음의 보험을 들어놓은 것과 같은 평온함을 가질 수 있다고 생각한다.

언어가 가진 형태 중에서 말은 풍족하여 쓰고 나면 버려진다. 버려지는 것이 아니라 우리는 잃어가고 있는 것일지도 모른다. 우주의 영원처럼 인간의 삶은 중단되지 않고 지속되기에 삶과 삶을 연결해 주는 글을 읽으며 시간을 응축시킨다. 독서는 그날 하루가 내 삶에서 가장 아름다운 날이 될 기회를 주는 것과 동시에 행복할 수밖에 없는 이유를 만들어 가도록 해준다. 점진적으로, 그러나 분명히!

# 2장

## 좋은 책을 만나는 건 아주 특별한 일이다

## 상처 뒤로 숨지 말고 정면으로 마주하라

발가락 사이로 느껴지는 축축한 흙은 시원했지만, 이마는 땀으로 흠뻑 젖었다. 조금 있으면 지금보다 더 더울 테고 정오쯤이면 이곳을 빠져나와 있어야 한다. 고랑 사이를 헤치며 새빨간 고추 열매가 가득한 가지 사이로 손을 깊게 뻗어 하나둘 수확하여 바구니에 담았다. 수북이 쌓인 고추를 가슴에 안아 고랑을 빠져나오면 어느새 삐져나온 머리칼 사이로 고춧잎이 머리에 피어났다. 가쁜 숨을 몰아쉬며 작업이 끝났다는 안도와 함께 속상함이 밀려왔다. 손톱 끝이 초록빛도 아닌 거무튀튀하게 물들었기 때문이다. 손톱 끝의 물은 며칠이 지나도 사라지지 않는다. 식당에서 계산을 위해 카드를 건네거나 사무실에서 서류를 건넬 때 부끄러움도 함께 인사하고 말았다.

하지만 거무튀튀한 그 손은 엄마의 짐을 덜어주기 위해 나선 고마운 손이다. 나와 비슷한 인물들의 이야기를 읽으며 위로와 공감을 얻었다. 그리고 그들이 찾은 해답에서 흔들리지 않고 스스로를 지탱하는 힘을 키울 수 있었다. 정신적으로 건강하고 안정적인 사람은 어떤 상황에서도 긍정적인 태도를 유지할 가능성이 높다. 어쩌면 나는 그러한 단계로 꾸준히 나아가기 위해 계속 읽고 있는 건 아닐까. 책을 덮어버리면 그곳에 그대로 멈추는 것이 아니라 그곳으로부터 끝없이 뒤로 밀려나게 되는 것이다.

사람들은 자신의 상처를 쉽게 꺼내 보이지 않는다. 드러낸 상처가 약점이 되어 누군가에게 불리하게 작용할까 봐 두려워한다. 하지만 상처는 우리가 원해서 생기는 것만은 아니다. 오히려 대부분의 상처는 스스로 어찌할 수 없는 환경이나 관계 속에서 생겨난다. 우리는 누군가의 자식이자 형제자매, 부모이자 배우자이며, 누군가의 친구이자 동료로 살아간다. 그렇게 크고 작은 관계 속에서 사랑하고 다투고, 기대하거나 실망하기도 한다. 상처는 어쩌면 그런 관계 위에 피어나는 꽃일지도 모른다. 관계가 깊고 촘촘할수록 상처라는 꽃은 더 자주 피고, 더 빠르게 아문다.

상처는 때로 우리를 아프게 하지만, 동시에 서로를 이해하고 보듬게 만드는 흔적이 되기도 한다. 상처를 마주한다는 것에 대해 오랫동안 생각하게 만든 책이 있다. 그 책은 조용한 목소리로, 그러나 깊고 묵직하게 질문을 던진다. 세상에는 이상한 법칙이 있다. 상처를 주는 사람이 결국 상처받는 사람이 된다는 것이다. 돌고 돌아 결국 아픔은 우리 모두의 몫이라는 진실을 마주하게 된다.

한때, 타인이 우리 가족에게 아무렇지 않게 뱉은 말이 비수처럼 꽂힌 적이 있었다. 외모를 향한 차가운 시선과 무심한 말들이 내 마음에 쓰라린 멍을 남겼다. 그럴 때마다 내가 할 수 있는 건, 잔뜩 웅크리는 일이 전부였다. 작아지고, 사라지듯 조용히 숨는 일. 하지만 나중에야 알게 됐다. 웅크리는 것은 내 마음을 지켜주는 일이 아니라, 나를 더욱 아프게 만드는 일이라는 것을. 두려움에서 도망치는 것은 일시적인 평온을 가져다줄지 몰라도, 결국은 그 두려움에 더 단단히 결박당하게 된다. 생채기가 나고, 삶에 부침이 있더라도 결국은 정면으로 마주해야 한다. 상처를 안고서도 꿋꿋이 눈을 뜨고 앞으로 나아갈 때, 인생은 어느 순간 윤슬처럼 반짝인다.

물론 상처는 정신적으로나 감정적으로 무척 고통스러운 일이다. 그러한 이유로 고통을 피하려는 경향을 본능적으로 가지고 있다. 하지만 상처 뒤로 숨는 것이 당장의 아픔을 벗어나게 해줄지는 몰라도 남아 있는 인생의 시간을 책임져주지는 않는다. 슬픔, 분노, 좌절, 불안 등이 때로는 너무 강력해서 감당하기 어려울 수 있다. 그러나 상처를 외면하지 않고 직면하는 과정을 반복하면, 고통스러운 감정을 다루는 자신만의 방법을 터득하고, 그 안에서 단단해질 것이다. 또한, 타인에게 마음을 열고 다가갈 수 있으므로 더 깊은 인간관계를 형성할 수 있게 된다.

살아오면서 내가 겪은 상처의 크기를 비교할 수는 없다. 다만, 나는 내 크고 작은 상처에 책이라는 위로를 처방했고, 그 효과는 꽤 쓸모 있었다. 정확한 진단이 있어야 자신에게 맞는 치료법을 찾을 수 있듯, 책 속에서 튀어나온 문장들은 나만의 특별한 치료약이 되어 주었다. 마음과 일치하는 문장들을 발견할 때마다 나는 세상에 혼자가 아님을 확인했다. 위로를 받는 것이 일차원적 효과라면 공감하는 것은 이차원적 효과다. 삼차원적 효과는 위로와 공감이 하나 되어 나만의 방식으로 세계를 구축하는 것이다. 작가는 독자가 읽고 수긍하길 바라는 것이 아니다. 자신보다 더 뛰어난 사고를 독자가 읽고 해내길 바라는 마음으로 쓴다. 그러기 위해 작가는 기꺼이 마중물이 되어준다는 것을 깨달았다. 책에서 발견한 경험의 지식과 그것을 토대로 현실에서 적용해 본 지식을 더하여 새로운 지혜를 생산해내는 것. 책이 설계도서라면 현실은 시공단계를 더하는 것이고, 완성된 건축물이 비로소 지혜일 것이다. 없던 것을 새로 만들어내는 것, 그 시발점은 독서이다.

아이가 어릴 적 놀이터에서 놀고 있는 모습을 지켜보고 있을 때였다. 또래 친구들과 놀고 있던 아이가 넘어졌다. 잠시 멈춘 듯한 시간 속에서, 아이는 고개만 빼꼼히 들어 나를 바라보았다. 그 순간 많이 다치지 않았는지 놀란 가슴을 쓸어안으며 다가가야 할까, 가만히 지켜봐야 할까 망설이다 끝내 다가가지 않기로 했다. 아이의 눈에서도 눈물의 망설임을 읽을 수 있었다. 아이를 향해 조심스럽게 목소리를 냈다.

"넘어졌구나, 괜찮아. 별일 아니야. 놀다 보면 누구나 넘어질 수 있어. 그럴 땐 그냥 일어나서 손을 탁탁, 털면 되는 거야."

금방이라도 눈물이 차오를 것 같던 아이의 눈은 어느새 입가로 옮겨가 미소를 띤다. 천천히 일어서서 내가 말한 대로 손을 털었다. 아이가 다치지 않은 것은 아니었다. 손과 무릎은 빨갛게 긁혀 있었고 지면과의 마찰로 인하여 피부에 상처를 입었다. 그러나 괜찮다. 그 상처는 다시 겪을지도 모를 아픔 앞에서 단단해지는 연습이 되어줄 테니까. 많은 엄마들은 아이가 넘어지면 황급히 달려가 아이의 상처를 대신 감당하려 한다. 하지만 그 순간 엄마가 받아낸 것은 아이의 상처가 아니라 눈물일 뿐이다.

나 또한 아이가 넘어지거나 다치면 몸이 먼저 반응해 달려가던 때가 있었다. 하시난 내 마음과는 달리 아이는 돌부리를 탓하거나 미끄럼틀을 원망했다. 그러면서 깨달았다. 아이는 내가 먼저 다가가면 스스로 일어나는 법을 배우지 못한다는 것을. 상처를 아물게 하는 법도,

자신이 감정을 어떻게 마주해야 하는지도 알지 못하게 된다. 그 뒤로 비록 마음이 아프더라도 아이가 넘어지면, 꾹 참고 기다려주기로 했다. 아이가 스스로 일어나 상황을 해결하도록 기다려주었다. 그렇게 믿고 기다리다 보면, 아이는 눈물이 아니라 미소를 건네게 된다. 그 미소는 아이가 성장했다는 증거가 된다.

 아이도 상처를 통해 인생을 배워갈 것이다. 아홉 살, 세상을 알기엔 너무 이른 나이지만, 작은 것부터 배울 수 있는 시기이기도 하다. "쪼그만 네가 뭘 알아."라는 말 한마디가 아이의 마음에 깊은 상처를 남길 수 있다. 세상은 처음부터 완벽하게 잘 가꾸어진 상태로 존재하지 않는다. 상처받을 때마다 벽돌을 다시 쌓으며 튼튼한 마음을 완성해 간다. 어른은 아이에게 기회를 빼앗는 존재가 되어서는 안 된다. 오히려 더 많은 기회를 제공해 주어야 한다. 주어진 기회에서 실패하면, 그 실패를 통해 배우고 성장할 것이다. 성공하면, 그 성공이 아이를 진정한 어른으로 이끌어줄 것이다. 우리는 그저 믿고 기다려주기만 하면 된다.

 사람마다 상처를 흡수하는 정도의 차이가 있을 뿐, 살면서 크고 작은 상처 한 번 받지 않는 사람은 없다. 상처를 흡수하는 사람이었던 나는, 흡수한 만큼 간직하는 성격 때문에 힘들어했고 확장되는 인간관계를 두려워했다. 하지만 책을 통해 알게 되었다. 나만 상처받는 것이 아니라, 누구나 상처받는다는 단순하고도 명료한 진실을. 그 진실은 나를 두려움에서 조금씩 꺼내주었다. 상처는 덮어둘수록 곪기 때문에 마주하고, 말리고, 때로는 드러내야 비로소 아물기 시작한다. 그것은 우리의 의지를 꺾기 위해 경험하는 일이 아닌, 조금 더 단단해지기 위한 시간으로 인생을 완성해 가는 하나의 조각일 뿐이다.

  책을 읽으며, 감정은 서로 반대가 아닌, 흐름처럼 이어진다는 것을 발견하였다. 슬픔이 마음속 깊은 자리를 만들어도, 그 자리에 기쁨이 얼마든지 머물 수 있는 것이다. 감정을 억누르기보다 받아들이고 들여다볼 때 삶은 한층 깊어진다. 상처를 숨기지 말아야 하는 이유도 여기에 있다. 아픔을 직면해야 진짜 감정이 깃들고, 기쁨이 스며들 자리가 생긴다. 그런 깨달음은 책 속 한 문장에서 조용히 마음에 내려앉는다. 독서는 우리를 상처로부터 도망치게 하지 않고, 다정한 시선으로 삶을 끌어안게 만든다. 그렇게 우리는 상처 속에서도 삶을 이어갈 수 있는 힘을 얻는다.

## 생각을 다스리는 이로운 행위

"이따위로 일할 거야! 삐— 뻭—" 거친 말이 수화기를 타고 뺨을 때리듯 쏟아진다.

악성 민원 전화를 받는 날이면, 감정과 역할을 분리하려 애써 보지만, 부정적인 마음은 늘 그 틈 사이로 새어 나온다. '이해하자, 이 사람도 얼마나 답답했을까'라며 스스로를 다독이지만, 전화를 끊는 순간 마음 한구석이 부서지는 소리가 들린다. 응어리진 감정은 툭툭 털어내도 쉽게 떨어지지 않고, 머리 위를 맴도는 걷히지 않는 먹구름처럼 하루종일 햇살을 가리고 마음을 어둡게 한다. 긍정적인 생각은 마음의 안쪽에서부터 천천히 모아야 하는 고운 모래 같고, 부정적인 감정은 그 위에 쏟아진 검은 먹물 같다. 그럴 땐 나는 잠시 의자에서 일어나 몸을 움직인다. 감정을 무리하게 밀어내지 않고, 그저 흘러가게 둔다는 마음으로 가볍게 기지개를 켜고 어깨를 툭툭 털며 마음의 먼지를 함께 털어 버린다.

개인주의가 팽배해지고 있는 요즘, 많은 사람들이 부정적인 감정에 쉽게 매몰되고, 그로부터 빠져나오는 일이 점점 어려워지고 있다. 화가 나거나 답답한 상황이 길어질수록 환경의 변화를 주는 것만으로도 감정을 환기시키는 데 도움이 된다. '지켜보는 냄비는 끓지 않는다'는 말처럼 상황에 계속 머물기보다 하던 일을 멈추고 감정을 청소할 필요가 있다. 산책 같은 가벼운 신체 활동을 하며 장소를 벗어나거나 독서나 음악 감상, 영상 시청, 누군가와의 통화는 나쁜 감정의 고리를 끊어주는 작은 계기가 되어준다. 나는 그럴 때 독서를 택한다. 마음이 복잡할수록 활자를 통해 나를 다독인다. 그렇게 해도 문장이 눈에 들어오지 않을 때는 망설임 없이 책을 덮는다. 억지로 마음을 붙잡기보다는, 천천히 감정이 돌아올 시간을 주는 편이 더 낫다는 걸 안다.

아들은 학원을 마치면 항상 전화를 걸어온다. 고학년이 된 지금도 여전히 그 습관을 이어오고 있다. 바쁜 업무 중이라도 가능하면 전화를 받으려 노력한다. 서로의 일상이 바빠지면서 갈수록 대화하는 시간이 줄어든 만큼 마음도 조금씩 멀어진다고 느끼기 때문이다. 가족은 저절로 가까워지는 존재가 아니다. 애써 알아가려는 노력이 없다면, 우리는 어느새 서로의 외로움을 외면한 채 살아가게 된다. 나도 엄마가 처음이었으므로 많은 것이 부족했다. 부모로부터 사랑을 보고 배운 것도 아니었기에 아들에게 무엇이 부족한지 알 수 없었다. 책은 그런 나에게 상대방을 이해하고 품을 수 있는 충만한 애정의 가르침을 주었다.

아들과 통화를 하면 수업 중 무엇이 가장 재미있었는지 묻는다. 이것은 학교 수업은 물론 학원 수업에서도 동일하게 묻는 말이다. 직접적으로 수업과 관계된 것을 물으면 공부에만 초점이 맞춰지면서 갈등이 빚어지곤 했던 경험으로 미루어 바꾸게 되었다. 이렇게 바뀐 이후부터는 아들이 수업 중 느끼는 고민은 물론 무엇이 지금 가장 어렵게 느껴지는지 자연스럽게 알 수 있는 긍정적인 결과를 얻게 되었다. 공부가 아니라 자기 자신에게 관심이 있다고 느끼는 것이 중요하다.

생각은 곧 자신에게 가는 길이다. 사랑을 하면 상대방에 대해 자꾸만 생각하듯, 가까워지고 싶은 대상이 있다면 그만큼 깊이 들여다보고 골몰히 생각해야 한다. 나의 경험으로 비추어보면 책과 가까이하면서 나에게 부족한 점들을 발견할 수 있었고, 책이 안내해 주는 방향을 따라가며 쉽게 얻을 수 없는 혜택을 누렸다. 덕분에 아들과 깊고 친밀한 관계를 유지 중이다. 책을 읽는 시간만큼 아들에게 더 큰 사랑을 주고 있다는 걸 느낀다. 책 속에서 사유하는 시간이 길어지고 활자에 몰입할수록 나는 사랑하는 사람에게 가까워지고 있다. 혼자 고요하게 몰입하는 그 시간은, 내 안의 행복을 채우는 시간이기도 하다. 그렇게 충분히 채워야 비로소 줄 수 있기 때문이다.

어느 날, 출근길에 튀어나온 보도블록에 걸려 넘어지며 스타킹이 찢어졌다. 분명 전방 주시를 하지 못한 내 잘못이었지만, 순간 짜증이 먼저 올라왔다. 근처 편의점에서 새 스타킹을 사서 갈아 신고 나니, 찢어진 스타킹은 사실 버려야 할 만큼 낡고 헤져 있는 상태였음이 그제서야 눈에 보였다. 미루고 있던 작은 정리를 우연한 불편이 대신해준 셈이다. 또 한 번은 늦잠으로 아슬아슬하게 집을 나섰더니, 눈앞에서 만원버스를 놓쳤다. 투덜대며 다음 버스를 기다렸는데, 막상 올라탄 버스는 한산했고 자리에 앉아 여유롭게 출근할 수 있었다. 불운이라 여겼던 순간이, 알고 보니 행운이었던 것이다.

이처럼 사소한 일상속에 삶이 조용히 전하는 힌트들이 숨어 있다. "저 사람은 왜 저렇게 무뚝뚝할까?", "남편 말투가 왜 저렇지?", "엄마는 오늘 왜 저리 예민할까?"라는 생각이 들 때, 가끔은 내 말투나 표정이 먼저 누군가의 감정을 어지럽히진 않았는지 거울을 보듯 나 자신을 되돌아보면 어떨까.

우리는 늘 정답 없이 살아간다. 본능에 의지하고 습관에 휘둘리며,

실수와 착각 사이에서 하루를 보낸다. 가끔 운 좋은 결과가 나오면 그것이 내 실력이라 믿으며 안도한다. 그러나 인생은 대부분의 시간 동안 시행착오로 가득하다. 결국 중요한 건, 좌절의 굴레에 머무르지 않고 그 안에서 '생각'이라는 도구를 꺼내어 자신을 다시 세우는 일이다. 방향을 잃은 채 흘러가다 보면, 마치 깊은 늪에 빠져 허우적대듯 무의식의 수렁에 빠지게 된다. 그럴수록 내 생각을 내가 통제하고 있는지, 아니면 어디선가 주입된 흐름을 그대로 따르고 있는지 알기 위해 더욱 깨어 있어야 한다.

생각을 깨우기 위해 나는 독서를 택했다. 혼자 힘으로 생각의 줄기를 키워가는 이 행위는, 내게 '자유롭게 사고할 권리'를 되찾아 준다. 종이책이든 전자책이든, 어떤 형태든 책과 연결된 시간을 확보하려 애쓴다. 휴대전화로 책을 읽으면 물론 유혹도 많다. 하지만 접근성이 좋다는 건, 그만큼 언제든 다시 시작할 수 있다는 뜻이기도 하다. 나는 지금도 책을 읽으며 훈련 중이다. 나를 방해하는 것들로부터 조금씩 멀어지고, 생각하는 나로 조금씩 다가가기 위해. 매일의 반복이 쌓여, 언젠가는 삶의 균형이 생각의 힘으로 바로 서길 바라면서 말이다.

마음은 스스로 다스리지 않는 한 어디로 튈지 모른다. 자기의 마음도 어찌하지 못하는 것이 사람이다. 화가 난다고 해서 곁에 있는 이에게 분노를 터뜨릴 수 없고, 슬프다고 해서 타인에게 그 슬픔을 던져 버릴 수도 없다. 감정을 다스리기 위해 책을 읽으며 부단히 노력했다.

화가 나는 이유를 알기 위해서, 슬픔의 근원을 알기 위해서 말이다. 감정은 흘러가는 것이 아니라, 바라보고 이해해야 하는 것임을 책을 통해 배웠다.

지혜는 오직 '경험'으로부터 비롯된다. 그리고 그 경험은 반드시 직접 겪어야 하는 것만은 아니다. 수많은 삶을 간접적으로 체험할 수 있는 가장 깊고 넓은 통로가 바로 독서라는 사실을 나는 다행히도 일찍 깨달았다. 책을 만나기 전까지, 내 인생은 좀처럼 빠져나올 수 없는 잿빛 회색 터널 같았다. 절망의 심연에 빠져 숨 쉬는 것조차 버거웠고, 차라리 태어나지 않았더라면 좋았겠다는 생각까지 했었다. "이토록 고통스럽기만 한 삶을 왜 계속 살아야 하는가?" 수없이 묻고 또 물었지만, 돌아오는 대답은 없었다.

그 시절의 내 인생엔 찜통 같은 무더위와 살을 에는 한파, 단 두 계절만 존재했다. 그러나 책을 곁에 두고 독서의 시간이 길어질수록 나는 스스로 규정해 둔 세상의 경계를 벗어나기 시작했다. 생각이 자유로워지자 내 삶에도 따뜻한 봄과 선선한 가을이 찾아왔다. 인생이 처음으로 풍성해졌다. 부처는 이렇게 말했다.

"지금 우리의 삶은 우리가 그동안 해온 생각의 결과이다. 마음은 생각으로 이루어지며, 우리가 어떤 생각을 하느냐가 삶의 질을 결정짓는다."

나는 너무 오랫동안 부정적인 생각 속에 나 자신을 가두고 있었다. 절망은 내 삶에 들어온 것이 아니라, 내가 스스로 문을 열고 초대한 것이었다. 하지만 이제는 다르다. 오랜 시간 어둠 속에 머물렀던 만큼, 지금은 누구보다도 간절하게 삶을 살아가고 있다. 행복과 불행은 주어지는 것이 아니라, 어떤 생각을 선택하느냐에 달려 있다. 그것을 알게 된 이후로 좋은 생각을 선택하기로 했다. 그래서 나는 행복한 사람이다.

어쩌면 이 글을 읽고 있는 당신도 불행의 굴레 속에서 숨 막힐 듯 버거운 시간을 보내고 있을지도 모른다. 믿고 의지할 친구가 없어 외롭고 슬퍼하면서 부당하게 느껴지는 고통으로 운명을 저주하고 싶을 수도 있다. 그럴수록, 어둠은 더 짙게 드리운다. 그 어둠을 조금이라도 밀어내고 싶다면, 나는 책을 권하고 싶다. 독서하며 빛이 되는 문장을 발견하면, 그 빛은 구석구석 내 안에 비어 있는 틈 사이로 스며든다. 책은 멈추려는 생각을 일으키고, 주저앉은 삶을 일으켜 세운다. 그리고 내가 빛나는 사람임을, 잊지 않도록 해준다. 독서의 효과는 당장 눈에 보이지 않지만, 시간이 지나면 지금 이 순간을 버텨낸 자신이 분명하게 보일 것이다.

매일 매 순간 책을 읽어야 한다고 강요하는 것이 아니다. 책이 우리에게 주는 교훈은 익히 들어서 알고 있다. 내가 하고 싶은 말은, 언제든 돌아갈 곳이 있는 사람은 마음이 평온하다는 거다. 그리고 우리에겐 책이 바로 돌아갈 자리가 되어준다는 말을 하고 싶었다. 몇 달 만에 책을 집어 들어도, 혹은 책을 냄비 받침으로 사용하거나 책을 장식용으로 꽂아두어도 언젠가 휘리릭 페이지를 넘기다 어느 한 문장을 그 자리에 서서 읽게 되는, 그게 진짜 책과 함께하는 삶일 테다.

마음과 생각, 그리고 말을 잘 다스리기 위해 지금이라는 순간에 진한 밑줄을 그어본다. 종이가 귀하던 시절부터 유일한 시간 여행자가 되어주었던 책은, 이제는 흔한 종이 쪼가리로 여겨질지 몰라도 그 가치를 잃지 않았다. 인쇄된 언어를 읽고, 마음으로 느끼고, 여백에 나만의 생각을 덧붙인다. 새로운 문장이 기록되는 그 순간, 나는 나를 다시 읽는다. 그렇게 책을 통해, 나는 '가장 고유한 나'를 완성해 간다. 세상에서 가장 이로운 행위, 독서를 멈추지 않고 오늘도 이어간다.

## 글 속에서 내 삶을 발견하고 있는가

인생에서 종종 저지르는 실수 중 하나는 두려움을 친구처럼 곁에 두는 일이다. 두려움이라는 친구와 가까워지기 시작하면, 웬만해서는 멀어지기 어렵다.

흔히 막다른 골목에 있을 때 "잃을 게 없다"라는 표현을 쓴다. 그 말을 곱씹어 보면, 두려움이 없다는 뜻일지도 모른다. 두려움이 없을 때 사람은 대담해지고 어떤 가능성이든 열어둔다. 삶을 불행하게 만드는 것은 두려워하는 생각에 있으며 두려워하는 대상에 있지 않다. 그러니 매일매일 자신이 두려워하는 작은 것부터 하나씩 바꿔가야 한다. 두려움 속에 살아간다면 살아있어도 온전히 살아있는 것이 아닐

것이다. 내가 품는 생각에 따라 두려움은 작아지기도 하고, 때론 더 커지기도 한다. 새로운 삶을 발견하는 건 두려움이 사라졌을 때 가능하다.

한 번뿐인 삶을 무의미하게 보내기에는 너무나도 아깝다. 어쩌면, 우리가 가장 두려워해야 할 것은 '무의미한 삶'일지도 모른다. 책을 읽으며 마주한 삶은 수도 없이 많았다. 그 삶들은 하나같이 특별했고 그저 그런 삶은 없었다. 불행 속에서도 단 하나의 희망으로 영원 같은 삶을 살아낸 사람 있다. 읽기만 하던 내가 전자책을 집필하기로 결심했을 때, 두려움은 최고조였다. 수없이 망설였고, 머릿속에 떠오르는 질문은 단 하나였다. '내가 글을 써도 되는 사람일까?' '작가라고 불릴 자격이 있을까?' 그 두려움은 단순한 긴장을 넘어선 감정이었다.

살면서 떨린 순간이 없었던 건 아니었다. 수년 전, 나는 고등학교에 입학하면서 수백 명 학생을 대표해 단상에 올라 선서를 한 적이 있다. 겉으로는 정돈된 몸짓과 정확한 발음으로 원고를 읽어 나갔지만, 그 순간 내면은 말할 수 없는 감정의 파도로 뒤흔들리고 있었다. 나는 그 짧은 찰나 단상 위에 설 자격이 있는 사람인지 지난 과거에 빗대어 평가했다.

친구들이 학원과 여행으로 바깥세상을 경험할 때 나는 집으로 곧장 돌아가야 했다. 내게는 참여할 수 없는 세상이 많았다. 늘 부족했고, 조심스러웠고, 그만큼 내 존재도 작아져만 갔다. 그래서 사람들 앞에 나서야 하는 순간이면 나는 늘 나 자신부터 검열하고 있었다. 그 단상에 섰던 순간, 나는 마치 내가 아닌 사람처럼 느껴졌다. 그 자리가 낯설고, 한편으로는 부끄러웠다. 하지만 또 다른 한편에서는, '그래, 나도 여기에 설 수 있어'라고 속삭이는 미약한 자존감의 목소리가 있었다. 그 경험은 내가 얼마나 스스로를 제약해 왔는지를 알려주었다.

세월이 흘러, 전자책 집필을 결심했을 때의 감정 역시 똑같았다. 누군가의 생각을 바꿔야 한다는 막연한 부담감, 보이지 않는 시선이 나를 어떻게 평가할지 모른다는 두려움, 작가라는 타이틀 앞에 스스로를 의심하는 날카로운 자기 검열까지. 그 모든 감정들이 겹겹이 나를 짓눌렀다. 그럼에도 불구하고 내가 집필을 시작한 이유는 단 하나였다. 이제는 더 이상, 거울 속에서만 존재하는 나로 살고 싶지 않았기 때문이다. 남의 기준, 남의 시선, 남의 생각 속에서 조심스럽게만 살아왔던 나에게 진짜 자유를 주고 싶었다. 하고 싶은 것을 해도 되는 사람, 말하고 싶은 것을 말해도 되는 사람으로 나 자신을 스스로 인정하고 싶었다.

내가 읽었던 수많은 책들은 같은 이야기를 건네고 있었다. 생각이 달라져야 삶도 달라진다고 말이다. 새로운 생각은 새로운 행동을 낳고, 그 행동이 지금까지와는 전혀 다른 삶을 가져온다는 메시지였다.

지금까지의 삶과는 다르게 살고 싶은 간절함으로 글을 쓰기 시작했다. 좁고 어두운 내 안의 불안과 이별하며 한 줄, 또 한 줄을 썼다. 나는 여전히 배우는 중이지만, 분명한 것은 하나다. 나는 지금, 글 속에서 내 삶을 발견하고 있다. 그리고 그 시작은 언제나, 책이 내게 건넨 조용한 용기였다.

소설은 삶을 비추는 거울이다. 읽고 있으니, 활자 하나하나가 교복을 입고 있는 열여덟 살의 소녀에게로 데려갔다. 늦은 밤, 전문자격증 학원을 마치고 버스를 타면 정거장마다 야자를 끝낸 인문계 친구들이 삼삼오오 모여 탑승하곤 했다. 그들의 대화 속에는 '대학'이 있었고, 그 대화는 왠지 모르게 닿을 수 없는 세계처럼 느껴졌다. 같은 시간, 교복이라는 같은 옷을 입고 있어도 나는 늘 외딴섬에 홀로 서 있는 기분이었다. 어느 날은 그들과 마주치는 것을 피하고 겸사겸사 버스비도 아끼고자 환승 정류장까지 걸어갔다. 어두운 골목, 드문 가로등, 텅 빈 거리의 도시가 무척이나 낯설게 다가왔다. 나는 왠지 모를 서늘함에 두려움을 느꼈다. 걷고 또 걸으며 눈물을 참았지만, 내 두 손은 눈물을 훔치고 있었다.

그 소설의 주인공도 나와 비슷한 어둠을 걷고 있었다. 내가 경험한 시간들과 다르지 않아서 책장을 넘기며 자꾸만 나의 학창 시절, 그리고 삶의 자락들을 떠올리게 되었다. 고등학교 3학년이 되자, 같은 반

친구들은 가까운 지역은 물론 먼 타지 공장으로 하나둘 떠나갔다. 점점 빈자리가 늘어갈수록 교실 분위기는 어수선해졌고 공기마저 달라졌다. 그 시간, 그 기억들이 소설속 이야기와 겹쳐지며 내 마음 깊은 곳을 건드렸다. 책을 덮은 순간, 묻게 되었다. 나는 지금, 어디쯤 와 있을까. 그리고 나는 잘 살아내고 있는 걸까.

직장인이 된 이후, 친구들은 하나둘 멀어졌고, 학교라는 울타리보다 사회라는 공간에서 훨씬 더 외롭게 느껴졌다. 현실은 여전히 녹록지 않았지만, 고된 현실 속에서 점차 삶을 주체적으로 바라보는 사람으로 성장하는 이들에 나를 투영하고 있었다. 이제는 안다. 삶의 고단함도 성장의 일부이며, 고통은 사라지는 것이 아니라 나를 이루는 한 부분임을.

소설에 등장하는 주인공은 혼자가 아니었다. 그곳에는 이름을 알 수 없는 수많은 '그들'이 존재하고 있었고, 어쩌면 나 자신도 그곳에 있었던 것일지도 모른다. 기억을 되새기고, 상처를 들여다보는 일은 부끄러운 일이 아니라고 말해 준다. 글을 통해 우리는 스스로를 다시 만날 수 있고, 글 속에서 삶을 발견할 수 있다. 낡은 방 한 켠에도, 울고 걷던 그 밤에도, 분명 나의 이야기가 있었다. 청춘은 고단했지만, 동시에 그 안에는 조용한 꿈이 자라고 있었다.

내가 타인이 될 수 없는 것처럼 내가 살아온 시간은 오직 나만이 겪어낸 고유한 시간이다. 과거의 나를 다시 들여다보는 과정에서 나는 그동안 해왔던 독서의 방식까지 되짚게 되었다. 현실을 외면하고 싶어 책 속으로 숨어들었던 회피형 독서가 아직 내 안에 자리하고 있었음을 알게 된 순간, 나는 그 사실을 즐겁게 받아들였다. 그 이후로 독서의 태도 역시 달라져야겠다고 다짐했다. 누군가의 이야기를 듣는 데서 그치지 않고, 그 이야기의 끝을 묵묵히 기다려주는 독서를 하고 싶었다. 향유만을 위한 독서에서 벗어나, 저자가 주는 질문을 깊게 고민하며 탐독하는 독서로 나아가기로 했다.

탐독은 나에게 지금까지 보지 못했던 풍경을 보여주었다. 작가는 단지 질문만 던지는 것이 아니었다. 자세히 들여다보니 문장과 문장이 서로 어울리며 물결치듯 춤을 추고, 사고는 강물처럼 자유롭게 흐르고 있었다. 나는 그 풍경을 눈에 담으며 지금까지 발견하지 못했던 즐거움에 흠뻑 빠져들었다. 오랜만에 꺼내본 여기저기 찢어진 기억을 조심스럽게 이어 붙이자, 먼지가 쌓인 기억들 사이로 익숙하면서도 낯선 추억들이 불쑥 고개를 내밀었다. 마치 오래된 친구처럼, 쑥스럽게 웃으며 나를 반겨주었다.

한 사람이 살아오며 간직한 기억이라 해도, 그 기억은 수많은 왜곡과 오류를 품고 있다. 글을 쓰며 그런 기억의 틈을 발견했고, 조심스럽게 덧붙이고 고쳐가며 다시 나만의 이야기로 저장해 나갔다. 사람들은 흔히 상황을 다 알고 있다는 착각 속에서 타인을 쉽게 판단한다.

마치 타인의 아픔도 얼마든지 이해할 수 있다는 듯, 상대의 마음을 단정 짓고 함부로 재단한다. 돌이켜보니, 나 또한 그렇게 오만하고 유약한 마음으로 타인을 대했던 순간들이 있었다. 정작 내 아픔은 감추면서도, 누군가의 고통은 내 기준에 맞춰 작게 판단했던 것이다.

　스스로 돌아보지 못했던 시간을, 글을 쓰면서 다시 마주하게 되었다. 사람들은 자신의 생각을 정확히 표현하지 못하는 경우가 부지기수다. 나는 우리가 글을 쓰고 읽는 이유는 어쩌면, 생각을 말로 다 담아내기엔 우리의 언어가 너무 부족하기 때문일지도 모른다는 막연한 생각이 들었다. 그렇기에 책을 읽는다는 것은 단순한 문장 소비가 아닌 누군가 미처 다 하지 못한 말을 인내와 끈기로 끝까지 들어주는 행위로 다가온다.

　원고를 90% 정도 완성했을 때, 글자만 보면 마음이 답답하고 입안은 텁텁해졌다. 도무지 앞이 보이지 않았고 급기야 원고 집필을 계속 이어갈 수 없었다. 글이 써지지 않는 상태가 지속되자 고민은 깊어지고 마음은 초조했다. 무엇이 문제일까. 처음부터 차근차근 작성한 글을 읽어나가자 문제가 보이기 시작했다. 잘하려는 욕심이 앞서 나의 이야기임에도 불구하고 나에게 맞지 않는 옷을 입고 삶의 퍼즐을 맞추고 있었던 것이다. 시간이 걸리더라도 처음부터 다시 내 삶 속에 있는 퍼즐의 조각들을 하나씩 찾아 맞춰나가기 시작했다.

내가 살아온 날들을 독서를 빼고는 이야기할 수 없듯, 앞으로의 삶에서도 책 없는 나를 상상할 수 없다. 어설프지만 활자로 연결된 시간들 속에서 내가 진심으로 바라는 삶이 무엇인지 비로소 알게 되었다. 나는 간절하게 행복을 가지고 싶고, 누구보다도 나를 사랑하고 싶다. 오지 않는 내일은 없다. 글은 과거를 지나 현재에 머물며 우리가 살아가고 싶은 삶을 발견하도록 새로운 아침을 열어준다.

## 읽을 때마다 비밀의 문이 열린다

"책을 읽으면, 정말로 무엇이 달라지긴 해?"

사람들은 자신이 듣고 싶어 하는 대답이 아니면, 좀처럼 수긍하려 하지 않는 경향이 있다. 어떤 변화든 직접 체험하지 않고서는 본능적으로 방어적인 태도를 취하며 받아들이려 하지 않는다.

매일 시간을 쪼개 책을 읽는 내 모습을 보고 사람들은 종종 "대단하다"라고 말한다. 그럴 때마다 조금 쑥스럽다. 책을 읽는 일이 대단한 건 아니기 때문이다. 내가 하고 싶은 말은 이것이다. 대단한 것은 '사람'이 아니라 '책'이라고. 나는 그저 책이 지닌 대단함을 알게 된 사람일 뿐이다. 그래서 손에서 놓지 않으려 애쓰고, 그렇게 읽은 시간을 흘려보내지 않으려 글을 쓰고 있다. 어쩌면 나는, 이 책을 읽고 있는 당신보다 훨씬 더 부족하고, 뒤처진 사람일지도 모른다.

세상에 비밀은 없다. 그러나 우리 인간에게는 비밀이 있다. 그 비밀은 처음부터 존재하는 것이 아니라 살면서 만들어 간다. 마치 그것이 꼭 필요한 것처럼. 그리고 그 비밀은 언젠가 누군가 풀어주길 바라는 '고민'과 같은 성격을 띤다. 간직하지 못하고, 마치 너에게만 털어놓는 것처럼 무의식적으로 드러내고 만다. 나는 그 '폭로'의 한 방식이 바로 책이라고 믿는다. 작가는 작품 속에 조심스레 힌트를 남기고, 독자는 조용히 그 비밀을 해독해 낸다. 은밀한 언어들 사이에서 우리는 때때로 자기 마음의 문이 열리는 순간을 맞이한다. 책을 펼칠 때마다, 우리는 그렇게 하나의 비밀 문을 지나가고 있다.

책장을 넘길수록 마음이 불편했던 기억이 있다. 어렴풋이 알고만 있던 노동자의 비참한 삶을 다룬 이야기로, 그것은 너무도 비극적인 아이러니였다. 우리가 현대화라 부르며 찬탄했던 그 시절의 이면에 힘들고 고통스러운 삶이 있었다는 것을 애써 외면하고 있었다. 학교에서 배운 지식은 대부분 산업화가 가져온 '편리함'에 초점이 맞춰져 있나. 그래서일까. 나는 그 시절을 어떤 이상적인 '파라다이스'처럼 생각했던 것 같다. 독서를 이어갈수록 내가 닿지 못했던 세계로 데려가 주었다. 내가 알지 못했던 사실들을 은밀히, 그러나 분명하게 알려주었다.

어떤 일이 벌어졌던 것인지, 페이지를 넘길수록 긴장감은 높아져 갔다. 더하여 나는 또 다른 비밀을 마주했다. 남들과 나를 끊임없이 비교하던 그 시선 역시, 현대화가 가속화될수록 점점 더 강해지고 있었다는 사실을 말이다. 독서가 나를 부끄럽게 만들 수 있다는 걸 그때 처음 알았다. 그 부끄러움 이후, 나는 비교를 조금씩 내려놓기 시작했고 내가 아직 잘 알지 못하는, 더 많은 '비밀'들을 향해 다가가고자 했다.

그동안 독서는 흔히 지식을 채우는 행위로 여겨졌고, 그런 이유로 그 중요성이 강조되어 왔다. 하지만 나는 그보다 더 중요한 것이 '문화적 이해'라고 생각한다. 시대를 대표하는 작가들은 단지 정보를 전달하는 데 그치지 않는다. 그들은 문화의 다양성을 존중하고, 인간만이 지니는 고유한 가치, 그리고 인간다운 삶을 향한 '휴머니즘'을 작품 속에 녹여낸다. 우리는 어떤 시대를 꼭 두 발로 직접 밟아보지 않아도 된다. 책 속 인물들은 살아 숨 쉬듯 움직이며, 순간순간 우리 앞에 새롭게 태어난다. 어쩌면 우리는 잊는 것에 익숙해진 것은 아닐까. 한 권의 책은 단단한 하나의 세계가 되어, 그 시대를 이해하고, 그 삶을 공감하게 만드는 데 더없이 중요한 역할을 하고 있다.

책을 읽다 보면, 가끔은 말로는 다 표현할 수 없는 감정이 가슴 깊숙이 스며드는 순간을 마주하게 된다. 그럴 때면 어쩔 줄 몰라 입을 다물지 못하고, 내면 깊숙이 세워두었던 장벽들이 하나둘씩 무너져 내린다. 그리고 고요한 적막이 그 자리를 대신한다. 허락하지 않았던 감정은 그 적막의 중심에 자리를 잡고, 외롭게 버티며, 서서히 싹을 틔울 준비를 한다. 시간과 함께 자라나는 그 감정의 싹은 어느새 스스로 목소리를 내기 시작하고, 익숙하고 당연했던 것들을 천천히, 그러나 완전히 에워싼다.

책을 읽는다는 건, 그렇게 하나의 감정이 들어와 생각의 싹을 틔우는 일이다. 그리고 그 싹은 튼튼하게 자라 결국 지혜의 열매를 맺는다. 이것이 독서가 만들어내는 변화다. 독서라는 외부의 유입은 어느덧 마음 깊은 곳에 자리하고, 조용히, 그러나 분명히 당신을 바꿔 놓는다. 처음에는 분위기가 달라지고, 그다음엔 생각이 바뀌고, 마지막엔 눈빛이 바뀐다. 그리고 끝내, 당신의 운명까지도 말이다.

책을 읽으며 접한 세상이 점점 많아지자, 궁금해졌다. 내가 가보지 못한 세계는 어떤 모습일까? 언제까지 이렇게 수동적으로 살아야만 할까? 현실에 얽매인 채 반복되는 하루에 마음은 무거워지고 고민도 깊어졌다. 매일 집, 회사, 다시 집. 되풀이되는 삶이 내 인생 전부가 되어버릴 것 같은 두려움에 결국 나는 '떠나보자'고 결심했다. 어떤 반대가 있어도, 누가 뭐라 해도 한 번쯤은 시도해 보고 싶었다. 하나부터 차근차근 준비해 나갔다. 넉넉한 시간을 두고 돈을 모았고, 경비를

최대한 아낄 수 있도록 꼼꼼히 계획을 세웠다. 혼자 떠나는 여행이었기에, 예측할 수 없는 상황에 대한 대비가 필요했다. 그건 단순한 여행이 아니라, 지금까지 알지 못했던 세계를 스스로 만나러 가는 일이었기 때문이다.

내 생애 처음 타보는 비행기였다. 두꺼운 프린트물에 의지한 채 공항을 헤매며, 간신히 환승에 성공했다. 환승 비행기 안에서 낯선 외국인이 내 옆자리에 앉자, 심장은 두근거리다 못해 방망이질을 하고 있었다. 그런 내 속마음을 전혀 모른 채, 그 외국인이 말을 걸어오는 것이 아닌가. 놀랍게도 나는 그 말을 알아듣고, 대화를 이어가고 있었다.

"어디서 왔나요?"
"어디로 가는 길인가요?"
"혼자 여행 중이세요, 아니면 일 때문에?"

그냥 스쳐 지나가는 일상적인 '스몰토크'였지만, 내게는 그 순간이 아주 특별하게 다가왔다. 내가 정말 놀랐던 건 낯선 이와 자연스럽게 대화를 나누고 있는 '내 모습'이었다. 나는 늘 남들의 시선을 의식하며 튀지 않게 조용히 지내는 걸 선호한다고 믿어왔다. 그런데 내 안에 이렇게 열린 모습도 있었다는 걸, 비로소 알게 되었다. 그리고 깨달았다. 경험해 보지 않았다면, 내게 이런 모습이 있다는 것조차 몰랐을 거라는 사실을. 사람은 자기 자신을 가장 잘 안다고들 말하지만, 정작 자신을 알기 위해서는 해보지 않은 경험을 도전해야 한다는 걸 그때 온몸으로 실감했다. 그날 이후, 나는 '나'라는 사람에 대해 더 많이 알고 싶어졌다.

프라하성 뒤로 지는 석양을 블타바 강변에서 바라보며, 나는 조용히 과거의 나와 이별하고 있었다. 그 마음을 눈치챘던 걸까? 근처에 앉아 있던 외국인이 다가와 말을 걸었다. 대답하지 않고 피할 수도 있었지만, 그러고 싶지 않았던 나는 조심스레 대화를 이어갔다. 부족한 언어가 전혀 부끄럽지 않았다. 오히려 그 부족함을 손짓, 발짓으로 채워가는 또 다른 '내'가 있었다. 서툴지만 진심을 담은 대화는, 그 순간을 더욱 선명하게 만들었다. 그날, 그 시간은 아직도 잊히지 않는다. 낯선 도시의 석양이 아름다워서였을까, 아니면 낯선 나의 모습이 새롭게 느껴졌기 때문이었을까. 마치 누군가가 그날의 나를 카메라로 찍어놓은 듯, 그 장면은 마음속에 또렷이 남아 있다. 책을 읽으며 몰랐던 사실을 발견할 때의 즐거움처럼, 몰랐던 내 모습을 발견하는 기쁨은 익숙함을 벗어나 낯선 행동을 할 때 비로소 찾아온다.

녹서하며 새롭게 알아가는 지식은 마치 지금까지 아무도 몰랐던 비밀을 처음 밝혀낸 사람이 된 것처럼 짜릿함을 안겨준다. 독서에 발을 들여놓은 이후 그 짜릿함은 단 한 번도 나를 떠난 적이 없다. 마치 당장이라도 어디든 날아갈 수 있을 것처럼 내 안의 가능성이 처음으로 나를 끌어올렸다. 남들이 뭐라 하든, 그 말에 휘둘릴 필요는 없다. 내가 하기로 한 일을, 묵묵히 해내는 것만이 중요하다. 사막을 어떻게 건너야 할지 몰라도 발을 내디디며 앞으로 나아간다는 것을 우리는 알고 있다. 가고 싶은 길은 스스로 만들어 가는 것이다. 그 길은 누구의 꿈이 아닌, 오직 '내가 도착해야 할 곳'을 향한 여정이 된다.

프랑스 파리의 퐁데자르 다리에는 수많은 자물쇠가 걸려 있다. 사랑의 자물쇠 다리라 불리는 이곳은, 전 세계 사람들이 찾아와 사랑을 약속하며 미래를 함께 걸어 잠그는 장소다. 어쩌면 그 자물쇠들은 바로 '책'이 아닐까, 나는 그런 재미있는 상상을 해본다. 언젠가 찾아와 그 자물쇠를 풀어줄 누군가를 기다리듯, 책 또한 애타게 독자를 기다리고 있지 않을까? 우리는 책을 펼칠 때마다 비밀의 문에 한 걸음씩 다가가는 탐험가가 된다. 그리고 그 문 너머에는 또 다른 세계가 우리를 기다리고 있다.

## 특별한 스승을 만나는 시간

헬렌 켈러에게는 애니 설리번이 있었고, 알베르 카뮈에게는 장 그르니에가 있었다. 특별한 인생은 크고 작은 사건이나 사람으로부터 시작된다. 교육적 가르침만이 아니라 삶의 전반에 걸쳐 자신을 인도해 주는 사람이라면 그 누구든 나이와 상관없이 스승이라 부를 수 있다. 스승을 통해 우리는 시대를 뛰어넘는 지혜를 전달받는다. 마치 한 권의 책을 읽으며 시대를 초월하는 통찰을 얻는 것처럼 말이다. 스승은 꼭 멀리 있는 누군가가 아니다.

어린 시절 내게도 한 줄기 빛처럼 다가와 길잡이가 되어 준 선생님이 계셨다. 초등학교 6학년 때였다. 새로 부임하신 선생님은 우리에게 더 넓은 세상으로 나아가는 징검다리가 되고 싶다는 포부를 밝히며 새 학기를 시작하셨다. 봄이 아직 도착하지 않은 그때, 내 심장은 봄이 오는 소식에 미리부터 두근거렸던 것인지, 아니면 선생님의 뜨거운 포부에 마음이 뛰었던 것인지 알 수 없었다. 쿵쾅쿵쾅 뛰던 그 심장의 떨림만이 아직도 선명한 기억으로 남아 있다. 가장 먼저, 우리에게 한 편의 시를 출력물로 나누어 주셨다. 교실 안에서 활자와 놀기보다 교실 밖 운동장에서 뛰놀기를 좋아하는 아이들의 시선을 상상력과 창의력의 들판으로 안내하고 싶었던 것은 아니었을까 하고 미루어 짐작해 본다.

    선생님은 시를 직접 읽어 주시기도 했고, 글감을 선정하여 우리에게 자작 시를 써보도록 다정하게 이끌어주셨다. 이렇게 일 년 동안의 기록을 모아 한 권의 책으로 묶어 우리 모두에게 졸업 선물로 나누어 주셨다. 모두에게 특별했던 선생님이 나에게만 특별한 존재로 남은 이유는 따로 있다. 어느 날 수업을 마치고 집으로 가려던 나를 조용히 부르셨다. 지금 생각해 보면 가정 조사를 통해 형편이 어려운 환경에서 생활하고 있단 사실을 알고 그러셨던 것 같다. 선생님은 내가 쓴 자작 시를 아낌없이 칭찬해 주시면서 집에서도 생각나는 시를 써보라며 노트를 선물로 건네주셨다. 노트의 첫 페이지에는 "꿈을 가져라."라는 글귀가 큼지막하게 필기 되어 있었다. 그뿐만 아니라, 선생님께서 직접 쓰신 시와 읽고 있던 시집도 빌려주셨다.

집으로 돌아가는 길, 왈칵 눈물이 쏟아졌다. 차가운 바람에 눈이 시려 눈물이 쏟아진 것이라 애써 우겨보아도 결국은 나를 생각해 준 그 따뜻한 마음 때문이란 걸 부인할 수 없었다. 목소리로 전한 언어, 글로 써 내려간 언어, 책장을 넘기며 읽는 언어가 이토록 따뜻한 것일 줄은 몰랐다. 그날 밤, 선생님의 시를 눈으로 읽고, 소리 내어 읽고, 마음으로 읽었다. 절대 잊을 수 없는 선생님의 성함을 또렷하게 기억한다. 선생님을 만난 순간 내 인생의 방향 키가 조용히 몇도 틀어졌고 그 작은 변화가 지금의 나를 만들었다고 믿는다. 그 이후로 책 속에서 마주한 수많은 특별한 만남과 오래도록 인연을 이어오고 있다.

졸업하고 선생님과 헤어지면서 활자와는 가까이할 일이 없을 줄만 알았다. 책을 살 여유도 없었고, 내가 접해온 글은 짧은 시 위주였기에 두껍고 무거운 책은 낯설기만 했다. 그 시절, 언니는 항상 무언가를 읽고 있었다. 학교 도서관의 이름이 선명하게 찍혀 있는 책을 품에 안고 혼자 미소 짓곤 했다. 어느 때는 눈시울이 붉히며 소매 끝으로 조용히 눈물을 훔치곤 했다. 무엇 때문일까. 언니를 웃고 울리는 글이 궁금했다. 그때 선생님께서 빌려준 시집의 감상을 물으실 때의 눈과 자작 시에 대해 이야기하실 때의 눈빛이 언니의 눈에도 고스란히 담겨 있다는 것을 알게 되었다.

학교 교내 도서관을 이용하며 독서의 물꼬를 텄으나 그 물줄기가 마르지 않도록 도와준 사람은 따로 있었다. 그 사람은 둘째 언니다. 지금도 가끔 생각날 때마다 언니에게 말하곤 한다. "내 독서 스승은 언니야!"라고. 언니가 읽고 있던 책이 좋아 보이면 나도 따라서 대여하곤 했다. 놀라운 건 그렇게 해서 실망한 적이 한 번도 없다는 점이다. 그래서일까. 지금도 언니가 읽은 책은 믿고 따라 읽는다. 언니는 유익한 책을 발견하면 먼저 연락을 해온다. "이 책 너한테 잘 맞을 것 같다. 읽어볼래?" 짧은 메시지 속에서도 따뜻한 배려와 애정이 담겨 있다. 내 독서 여정에 있어 가장 오랜 시간 함께해 준 스승, 그 이름 앞에 나는 늘 '언니'라는 두 글자를 조용히 붙인다.

그런 사람들이 곁에 있었던 덕분에 책 읽는 것을 좋아하기보다 책 읽을 때 즐거워하는 사람이 되었다. 단지, 책에 호감을 느끼는 상태에서 이제는 독서하는 과정에서 경험하는 기쁨, 만족감, 몰입감의 능동적인 형태로 참여하고 있다. 친언니는 모 작가의 대하소설을 전부 읽었음에도 불구하고, 최근 중고 서점에서 하나둘 모아가기 시작했다. 그림은 벽에 걸린 작품으로 감상하고, 음악은 연주되는 선율로 감상한다. 책은 단순히 읽는 행위로 끝이 아니라 마음의 방에 걸린 순간 언제든 감상할 수 있는 음악이 된다는 것을 이 또한 가까이서 독서를 이어가고 있는 언니를 통해 느끼게 된다. 책장에 가지런히 꽂힌 대하소설을 바라보는 언니의 눈빛이 꼭 오래된 작품을 감상하는 눈빛처럼 초롱초롱하게 빛난다. 그 모습을 보니 어느 문장을 감상하고 있을지 문득 궁금증이 샘솟는다.

 마음이 복잡하고 꽉꽉 막혀있던 시간, 내가 공공연히 버틸 수 있었던 건 책 덕분이라고 말하곤 한다. 그러나 나는 알고 있다. 책으로 나를 이끌어준 사람들이 있었다는 것을. 선생님과 언니가 아니었다면 내 마음과 정신은 어느새 산산이 부서졌을지도 모른다. 보기만 하던 나의 눈을 읽는 눈으로 안내해 준 소중한 사람들 덕분에 읽으며 그 무엇이든 모두 배움으로 이어나갈 수 있게 되었다. 그렇게 지금도 한쪽 눈에는 사람을 담고, 다른 한쪽 눈에는 마음을 담는다.

 나는 나와 다른 생각과 직접 경험하지 못한 일들을 책을 통해 간접적으로 경험하고 배울 수 있었다. 말로 설명할 수 없어도 독서하다 보면 어느 순간 직감적으로 이해되는 순간이 찾아올 때 기분이 짜릿하고 좋다. 진심 어린 문장이 있는지 발견하기 위해 천천히 책장을 넘긴다. 그것은 작가에 대한 예의이자, 내가 시간을 들인 이유이기도 하다. 그렇게 발견한 단 한 문장이 넘어진 나를 일으키고, 앞이 보이지 않을 때는 조용히 길을 밝혀준다.

 책은, 직접 만날 수는 없지만, 곁에서 조용히 가르침을 주는 존경하는 선생님이 되어 주었다. 처음 책을 읽기 시작했을 땐, 그것이 내 삶에 어떤 의미가 될지 전혀 알지 못했다. 그러나 한 권의 책을 다 읽고 마침표를 찍을 때마다, 내 안에 무언가 하나씩 쌓여갔다. 그렇게 찍은 수백 개의 마침표들이 모여 하나의 길이 되었고, 그 길을 걸으며 어떻게 인생을 살아가야 하는지 조금씩 배워나갈 수 있었다. 독서라는 훌륭한 스승이 곁에 있었기에 내 인생은 흔들릴지언정 뿌리째 흔들리진 않았고 시련 앞에서도 꿋꿋이 버티며 다시 싹을 틔웠다.

한 번뿐인 인생 후회 없이 살고 싶다면 주저 없이 책을 읽으라고 말하겠다. 인생은 책을 얼마나 읽었느냐에 따라 달라진다. 오직 인간만이 '읽는 눈'을 가지고 태어난 데에는 분명한 이유가 있을 것이다. 한계를 미리 정하지 말자. 한계 없는 삶을 향해 나아가기 위해, 그리고 내 삶을 상상하는 기쁨으로 채워가기 위해 오늘 하루, 단 몇 분이라도 책을 펼쳐보았으면 한다. 아무도 원하지 않지만, 현대인은 평균이라는 잣대에 치이며 힘겹게 살아간다. 그럴수록 우리는 책 속 특별한 스승의 이야기를 통해 스스로에게 씌워두었던 잘못된 생각의 의미를 거두어야 한다. 책은 그렇게, 다시 삶의 방향을 바로잡게 해주는 조용한 길잡이가 되어줄 것이다.

사람들은 현명한 판단을 위해 책을 읽고, 지혜를 얻기 위해 책을 읽기도 하며, 어떤 분야의 전문가가 되기 위해서도 책을 읽는다. 가르침을 받지 않아도 인간이 스스로 배움을 얻을 수 있는 곳이 있다. 바로 문학이다. 문학은 언어로 표현할 수 있는 모든 것을 담고 있기에 종합적 예술의 산물이라고 생각한다. 하나의 문학작품은 수많은 해석의 가능성에 열려 있고, 독자는 그 안에서 자신만의 의미를 만들어낸다.

지금의 내 모습이 먼 미래의 누군가에게 배우고 싶은 스승이 될지도 모른다고 생각하면 책 한 권도 허투루 읽을 수 없다. 책은 처음 읽을 때와 두 번째 읽을 때, 세 번째 읽을 때마다 전혀 다른 얼굴로 다가온다. 그러므로 한 권의 책은 한 명의 스승이 아니다. 한 권의 책안에는 읽는 시기와 마음에 따라 무한한 얼굴이 숨어 있다. 배움을 얻고자 하는 태도로 읽는다면, 우리는 매일 삶을 바꾸는 수많은 기회와 마주하게 될 것이다. 그것이 바로 책이 우리 곁에 머물며 건네는 가장 확실한 가르침이라 믿어 의심치 않는다.

작가의 얼굴을 알지 못하지만, 글이라는 매개로 우리는 친밀하고도 깊은 관계를 맺는다. 오랜만에 마주해도 전혀 어색하지 않고, 일말의 불편함조차 느껴지지 않는 반가운 친구가 있다. 이런 인연이 흔치 않다는 걸 알기에 나에게 더없이 소중한 존재로 다가온다. 여러 명의 친구보다 한 명의 친구에게서 더 큰 위로와 영감을 받을 수 있는 것처럼, 좋은 책 한 권과의 만남도 특별한 축복임을 안다.

언젠가 나에게도 더 이상 스승을 곁에 두지 못하는 순간이 올 것이다. 그때까지 소멸하는 독서가 아니라 소망하는 독서를 하고 싶다. 위대한 스승은 죽어서도 이름을 남기고, 위대한 책은 수 세기를 넘어 그 명맥을 이어간다. 독서에 특별한 재능은 필요하지 않다. 독서에 필요한 것은 꾸준함과 약간의 노력이면 된다. 좋은 책을 만나는 것은 일생에 한 번 좋은 스승을 만나는 일과 같다. 그 스승은 평생 곁에 머물며 멘토가 되어줄 것이다. 늦기 전에 당신만의 특별한 스승을 만나길 바란다. 후회는 언제나 늦게 찾아오지만, 시작은 언제 해도 빠르니 말이다.

## 가장 위대한 도전은 독서하는 행위

주말 오후, 설거지를 마치고 소파에 앉아 잠시 휴식을 취하자 조금씩 잠이 몰려온다.

40대에 접어들면서 수면을 방해하는 요인들이 없음에도 젊었을 때보다 깊이 잠들지 못하고 있다. 자려고 애써야만 겨우 잠이 들고 새벽에 깨면 다시 잠들기 어려운 경우가 늘어만 간다. 수면의 양도, 질도 눈에 띄게 낮아졌다. 아침에 깨면 잠을 푹 잤다는 느낌을 언제 느꼈는지 기억나지 않는다. 물론, 수면이 스트레스와 연관이 있고 건강에 이상이 있는 경우에도 영향을 끼친다. 또 노화에 접어드는 자연스러운 하나의 현상으로 받아들여지기도 한다.

나 또한 자연스러운 노화 현상 중 하나이겠지 미루어 짐작했다. 나이가 들면서 잠은 토막 난다고 한다. 렘수면과 비렘수면의 간격이 좁아지고 8시간을 자고 일어났어도 실제로 수면의 질이 떨어져 8시간을 온전히 잔 것이 아니라고 한다. 신체의 노화가 시작되면 잠을 조금씩 더 보충해 주어야 한다. 아침은 어둡게 시작하고, 저녁은 밝게 마무리하면 수면에 도움이 된다는 사실을 책을 읽으며 발견했다. 노화의 현상이라 받아들여 살짝 우울감이 들던 마음에 새로운 지식이 찾아오자 마음에 볕이 들었다.

나이를 먹으면서 잠과 관련된 부위가 먼저 퇴화한다. 나이가 들수록 아이에게 당당하게 말해야겠다. 잠이 없는 게 아니라 잠이 부족하다고. 꼭 알아야 하는 내용은 아니지만, 알고 있으면 소소하게 도움이 되는 것들은 인생을 윤택하게 해준다. 삐걱거리는 무릎에 대한 대응을 객관적이고 쉬운 이해로 접하는 곳이 내게는 책이라는 세상이다. 알면 알수록 쓸모 있는 지식의 백과사전 같다. 논문을 작성하는 수만 시간, 오랜 시간 연구에 투자된 비용을 신경 쓰지 않고 손쉽게 접할 수 있는 것이 한 권의 책이다.

이처럼 일상에서 부딪히는 문제에 대한 해답을 찾고, 미처 알지 못했던 현상들을 이해하는 일은 마치 미지의 퍼즐 조각을 맞춰나가는 도전과 같다. 단순히 정보를 얻는 것을 넘어, 책을 읽는 것 자체가 내게는 삶의 문제를 해결하고 더 나은 나를 찾아가는 하나의 도전이 된다.

　도전은 단순한 위험이 아닌, 세상을 바꾸는 힘임을 잊지 말아야 한다. 그것은 세상을 바꾸는 힘이면서, 언제나 동전의 양면처럼 실패라는 얼굴을 함께 품고 있기도 하다. 우리는 한쪽 얼굴만을 선택할 수 없다. 도전하지 않으면 실패도 없고, 실패하지 않으면 교훈도 얻을 수 없다. 그래서 때로는 무모하더라도 도전을 통해 실패를 경험해야 한다. 실패는 결과로 가기 위해 마주치는 자연스러운 만남일 뿐이다.
　직접 경험하지 않으면 공감하기 어렵다는 말이 있지만 우리는 불행 중 다행으로 직접 경험하지 않고서도 독서를 통해 간접적으로 경험을 체득할 수 있다. 문명사회를 살아가는 우리에게 가장 큰 이점이 아닐 수 없다. 독서하며 와닿는 문장은 누가 시키지 않아도 마음에 새겨져 사는 동안 함께 하게 된다. 그래서 책을 평생의 친구라고 부르는 것 아닐까. 나를 일깨워 주는 따끔한 충고를 아끼지 않고, 흔들릴 때마다 곁을 지켜주는 든든한 친구, 책이야말로 그런 존재다.
　사람은 자신이 경험한 일이나 마음속에 품고 있는 가치와 책 속 내용이 맞닿을 때, 비로소 깊은 사색에 잠기게 된다. 그 사색의 문을 지나면, 책은 어느덧 인생을 함께 걸어가는 평생의 친구가 된다. 예전엔 이해하기 어려웠다. 왜 어떤 작가는 죽음을 앞둔 순간에도 사랑하는 사람과의 작별보다, 글을 완성하는 데 온 힘을 쏟는 것인지 말이다. '나와 같은 인간인데 죽음이 두렵지 않을까?' 하는 의문이 들었다. 그들은 입을 모아 말한다. "죽음은 두렵지 않다. 다만, 아직 쓰지 못한 글이 더 두렵다"라고.

그들을 통해서 삶을 마주하는 자세는 끝까지 자기 자신으로 존재하고 싶은 욕망에서 비롯된다는 것을 알게 된다. 암 수술 후 치료까지 일련의 과정을 겪으며 그들이 했던 말이 전부는 아니더라도 조금씩 이해되며 마음에 스며들기 시작했다. 마음이란 방에서 자신이 원하는 글을 쓰며 삶의 주인으로 살아왔다. 그런데 일순간 죽음이 문을 열고 들어와 삶의 주인을 바꾸려 한다면 나는 무엇을 선택하게 될까. 한 인간이 진정으로 원하는 것은, 마지막 순간까지 자신의 삶 속에 온전히 존재하는 것일 테다. 나는 글을 읽으며 글 속에서 두려움보다 더 강한 의지를 느낀다.

올곧은 신념과 단단한 가치는 어떠한 고통과 시련도 이겨낼 수 있는 힘이 된다. 그것은 자신을 지키는 것에서 끝나지 않고, 세상과 타인에게도 선한 영향을 남긴다. 책은 그런 신념의 불씨가 되어 준다. 읽는 이로 하여금 더 깊이 사유하게 하고, 결국엔 자기 삶의 주인이 되어 살아가도록 이끈다. 그래서 독서는 단순한 행위가 아닌, 가장 위대한 도전이자 스스로를 지켜내는 조용한 싸움이 된다.

잊고 싶은 기억은 자기 전에 떠올리면 자는 동안 비워지고, 간직하고 싶은 기억은 아침에 막 일어나서 떠올리면 오랫동안 유지된다고 한다. 이처럼 아침 시간을 활용해 좋은 생각으로 명상을 시작하거나 긍정적인 문장을 읽으면 그날 하루에 행운이 찾아올 것만 같은 기분이 든다. 이른 아침에 읽는 몇 문장이 때로는 하루 한 권의 독서보다 더 값진 결과를 가져다주기에 양으로 채우는 독서보다는 질을 추구하는 독서에 더 큰 의미를 두게 된다. 매일 책을 읽지만, 가능하다면 아침에 만나는 몇 문장만은 놓치지 않으려 한다. 글이 머금고 있는 싱그러운 향기와 함께 시간을 걷고 싶기 때문이다.

누구나 조금씩 다른 모습으로 삶이라는 길 위에 있지만, 그 '다름'은 결코 포기의 이유가 되지 않는다. 다르다는 것을 받아들이고, 다르게 살아야 하는 삶을 오히려 온몸으로 껴안을 때 세상을 더 깊이 느끼며 나다운 삶을 살아가게 된다고 믿는다. 그 모습은 어떤 모습보다 아름답다. 많은 사람들은 실패가 두려워서 핑계 뒤로 숨으며, 마치 그것이 당연하다는 듯 살아간다. 그러나 핑계라는 건 어쩌면 세상에서 가장 친절한 속임수일지 모른다. 자신에겐 잘못이 없는 듯 느끼게 만들어 준다. 진짜 삶은, 핑계를 걷어내고 나를 있는 그대로 마주할 때 비로소 시작된다. 어둠 속에서도 빛을 향해 나아가는 용기는 우리에게 얼마나 값지고 찬란한 도전인지를 일깨운다.

바로 지금, 하고 싶은 일이 있다면 망설이지 말고 당장 시작해야 한다. '미루는 것'은 위험하다. 미루다 보면 정작 돈과 시간과 기회가 왔을 때, 우리는 너무 늙었거나 병이 들어 하고 싶은 일을 하지 못하는 경우가 발생한다. 오늘 하루 미루는 일 하나쯤은 괜찮다며 스스로를 안심시키지만, 그 하루가 이틀이 되고 일주일이 되면 어느새 그 안심은 자책으로 바뀐다. 처음에는 단지 돈만 잃은 것 같지만 결국에는 시간, 기회, 건강, 무엇보다 의지를 잃게 된다. 잃은 것이 아니라 하나씩 빼앗기고 있던 것일지 모른다.

도전은 그런 잃어버림의 고리를 끊는, 가장 현명한 선택이다. 후회하는 것보다 도전이 옳다는 판단으로 행동해야 한다. 후회라는 길은 아무것도 알려주는 것이 없지만, 도전이라는 길은 실패하더라도 성공으로 가는 이정표를 남겨준다. 이런 믿음은 책을 통해 조금씩 내 안에 자리 잡았다. 독서는 나에게, 후회를 줄이고 도전을 택하는 이유를 가르쳐 주었다. 도전의 이유는 거창하지 않아도 된다. 단 하나, 지금의 내가 '살아 있음'을 느낄 수 있다면, 그것만으로도 충분하다.

이해하지 못했던 감정을 이해하는 도전, 모르고 있었던 시간의 과거를 알아가는 도전, 받아들일 수 없었던 진실을 받아들이는 도전, 지식의 한계를 뛰어넘는 도전까지 이 모든 시작은 독서였다. 하나씩 성취할 때마다 느끼는 지식의 쾌감은 지성의 축제 현장에 와있는 기분을 안겨준다. 지금 읽고 있는 책보다 한 단계 높은 수준을 희망하고 작가의 작가를 뛰어넘는 작품을 갈망하면서 읽는다. 아무리 읽어도 이해되지 않는 문장 앞에서는 쓰디쓴 패배감이 밀려온다. 그럼에도 불구하고 다시 책을 펼친다. 책장을 넘기는 그 행위 하나로, 내 작은 도전이 다시 출발선 앞에 서 있기 때문이다. 그리고 나는 안다. 그 도착점에는 누구도 예상하지 못한 또 다른 나의 모습, 또 다른 세계가 기다리고 있다는 것을.

 누군가의 인생을 변화시키는 독서의 힘은 어디에서 비롯되는 걸까 곰곰이 생각해 보면 그 힘은 멈춰서 돌아볼 기회를 주는 것에 있다. 책 한 권이 내면에 던지는 작은 울림, 그 울림이 멈추지 않고 파동을 일으킬 때 마침내 삶의 방향이 바뀐다. 세상에는 유명한 책이 많지만, 정작 나에게 가장 소중한 책은 유명함과는 거리가 멀다. 사람마다 마음을 흔드는 문장이 다르듯, 인생을 바꾸는 책도 각자에게 다르게 다가온다. 그래서 독서를 통한 변화는 '도전'이라 부를 만큼 특별하고 드물다.

 점심 식사를 마친 뒤면 달콤한 낮잠의 유혹이 밀려온다. 그러나 나는 그 유혹을 잠시 밀어내고 책을 펼친다. 책 한 권이 지금 당장 나를 바꿔주지 않는다는 걸 안다. 하지만 책은 '변하고자 하는 의지'와 만났을 때, 비로소 진짜 변화의 문을 열어준다. 깊이 생각하면 해결하지 못할 문제는 없고, 차분히 따져보면 옳고 그름도 분별할 수 있다. 그래서 나는 오늘도 내게 기여하는 책을 읽는다. 조용하지만 분명한 도전이, 책장을 넘길 때마다 시작된다.

세상의 이야기에는 저마다의 의도가 담겨 있다. 그렇기에 지금 우리에게 필요한 건, 무엇이 옳고 그른 지를 분별하는 힘이다. 내면의 소리를 쫓아 자신에게 귀 기울이며, 내가 옳다고 믿는 길을 묵묵히 걷고자 한다. '등잔 밑이 어둡다'는 속담처럼 우리는 멀리 있는 것에 관심을 두기보다 자신에게 먼저 관심을 두고 애정을 주어야 한다. 책을 읽다 보면 내가 어떤 생각을 품고 있는지, 무엇에 흔들리는지를 자각하게 된다. 나를 깊이 이해하는 일은 삶의 큰 기쁨으로 다가온다. 문 뒤에 무엇이 있을지 두려워하지 말고, 용기를 내 지금, 독서의 문을 두드려보면 어떨까.

## 독서를 통해 삶의 흐름을 바꿀 수 있다

독서는 단순한 취미생활이 아니다. 나는 이력서나 학창 시절의 성향 조사서에 취미란이 등장하면 망설임 없이 '독서'라고 적었다. 적어 넣을 만한 무언가가 있다는 사실만으로도 다행이라 여겼다. 음악조차 마음 놓고 들을 수 없는 환경에서, 독서는 오롯이 나 혼자만의 방식으로 즐길 수 있는 유일한 세계였다. 한 권을 다 읽고 나면 마음 한편이 그윽하게 채워지는 기분, 그 흐뭇하고도 흡족한 감정에 이끌려 나는 다시 책을 펼치게 되었다.

연애를 할 때면 늘 거치는 과정이 있었다. 마치 호구조사처럼 가족 구성에 대해 물을 때면, 빠져나올 수 없는 터널에 갇힌 듯 그 순간이 답답하게 다가왔다. 만남을 이어가는 이들이 하나둘 가족 구성에 대해 알게 되면, 놀라움을 감추지 못했고, 그 눈빛에 담긴 감정의 복잡함이 고스란히 전해질 때 나는 자연스럽게 시선을 피했다. 그 감정은 연애 내내 따라다녔고, 나는 상대에게서 알 수 없는 거리감을 느끼곤 했다. 마치 나와의 만남이 아니라, 내 가족과의 만남을 감당해야 하는 일처럼 여겨질 때면, 자연스럽게 이별을 준비하게 되었다.

학창 시절부터 받아온 그런 시선은 성인이 되어서도 바뀌지 않았다. 나는 현실로부터 도망치듯 책 속으로 숨어버렸다. 그러나 그 도피는 곧 '취미'라는 이름을 달고, 나만의 방식으로 지식을 쌓는 시간이 되어주었다. 언젠가 세상 밖으로 나갈 날을 조용히 기다리면서. 사실, 나의 10대는 비교라는 감정으로 얼룩져 있었다. 8남매라는 가족 구성은 TV 다큐멘터리에서나 나올 법한 주변에서 흔히 볼 수 없는 특별한 이야기였다. 남아선호사상은 분명 사라져야 할 과거의 그림자였지만, 그 그림자는 할머니의 신념과 함께 우리 가족의 삶에 길게 드리워져 있었다. 남들과는 조금 다른 가족의 형태는, 언제나 '특이한 가정'이라는 시선을 불러왔다. 벗어나고만 싶었던 나의 10대. 하지만 그 시간 속에서 책이라는 지적 도피처를 만나면서 나는 점점 단단해졌고, 책을 사랑하는 사람이 되었다. 보통과는 다른 삶을 살아왔다며 투정을 부리고 불평도 했지만, 남들과는 다른 길을 걸어왔던 그 시간이 있었기에 나만의 특별함을 만들 수 있었다.

나에게 '특별함'이란, 타인의 시선에서 벗어나 나만의 감정에 솔직해지는 것이며, 결국은 내가 스스로에게 부여한 마음의 무게일 뿐이라는 깨달음을 얻었다. 진심으로 누군가를 사랑한다는 건, 그 사람만이 아니라 그 사람의 배경까지도 품을 수 있다는 뜻이다. 누군가가 내게 원하지 않는 감정을 안겨주었더라도, 그 감정을 어떻게 받아들일지는 결국 내 몫이다. 나는 오랫동안 피해의식이라는 방패를 들고, 그것이 위안이 된다는 변명을 하며 살아왔는지도 모른다. 하지만 독서를 통해 그런 내 모습조차도 조금씩 마주하게 되었고, 그 시간들이 나를 조금 더 진솔하게 만들어 주었다.

독서는 내가 영감을 얻는 가장 확실한 방법이다. 정치, 과학, 예술, 경제 전반에 걸쳐 수많은 이들이 책을 통해 스스로를 단단하게 만들어 간다. 세계적으로 유명한 가수는 물론, 혁신으로 기업을 이끄는 사업가까지 문제에 부딪혔을 때 책 속에서 돌파구를 찾았고, 독서를 통해 마음을 내려놓는다고 말한다. 모두에게 같은 의미는 아니겠지만, 삶의 위기가 찾아올 때 독서는 늘 조용하게 다가와 다정한 마음으로 내면의 심지를 지켜주고, 어둠 속을 밝히는 빛이 되어준다. 물론, 책 한 권이 인생을 송두리째 바꾸지는 않는다. 하지만 한 권의 책이 인생이 변하는 '시작점'이 될 수는 있다.

강물의 흐름이 삽질 한 번으로 바뀌지 않듯, 독서도 단 한 번으로 대단한 변화를 기대해서는 안 된다. 때론 책 속 한 문장이 마음에 번개처럼 내리꽂히기도 하지만, 그것이 진짜 변화가 되기 위해선 '꾸준히'라는 가랑비의 힘이 필요하다. 독서를 통해 삶이 바뀌는지 확인하려면 결국 가랑비에 옷 젖는 시간을 견뎌내야 한다. 우리에겐 미래를 다녀올 수 있는 기술은 없지만, 시간을 건너온 책을 읽는 것만으로도 미래를 상상할 수 있다. 독서는 두 발이 아닌, 두 눈으로 떠나는 여행이다.

읽을수록 삶의 조각들이 마음속에 차곡차곡 쌓이고, 그 조각들은 우리가 꺼내어 쓸 수 있는 또 하나의 힘이 되어 준다. 책을 찾는 이유는 저마다 다를 수 있다. 필요에 의해, 혹은 유행을 따라 우연히 손에 든 책이라 해도 상관없다. 중요한 건 지금의 상황을 책이라는 도구로 이해하려는 그 마음, 그 방향성이라는 생각이다. 책은 가볍게 다가오지만, 마음속엔 깊고 무거운 울림으로 자리 잡는다. 노력한다고 금세 모든 것이 바뀌진 않으나 노력하면, 분명히 '조금씩' 바뀐다고 믿는다. 그렇게 생각하면 노력은 더 이상 두려운 것이 아니라, 차분히 해볼 수 있는 일이 된다.

책을 읽어야 하는 이유는 무엇을 잘해 내기 위해서가 아니라 주어진 삶을 잘 살아내기 위해서다. 아는 것이 곧 행복과 직결된다고 말할 수는 없지만, 아는 것이 나를 지켜줄 수 있다는 믿음은 분명히 존재한다. 그 믿음으로 책 속의 지식을 조금씩 모아 지혜로 바꾸고, 그 지혜로 인생이라는 실타래를 슬기롭게 풀어나간다. 우리에게 가장 큰 영향을 주는 사람은 누구도 아닌, 바로 '나' 자신이다.

생각이 나를 행동하도록 만들지만, 반대로 생각이 앞으로 한 발짝도 나아가지 못하게 붙잡기도 한다. 내가 가장 자주 듣는 속삭임은 바로 나 자신에게 하는 귓속말이다. 그러므로 내가 단단해져야만 외부의 시선과 기준, 그 어떤 것에도 흔들리지 않을 수 있다. 세상의 이런저런 화려함, 세련됨, 빛나는 무언가를 보며 나 자신을 초라하게 여기거나 비참하다는 감정이 올라올 때가 있다. 그럴 땐 그 감정을 마음에 저장하지 말고, 바로 삭제해야 한다. 불필요한 것에 내 마음을 내어주는 일은 이제 멈춰야 한다. 상황은 그저 있는 그대로 존재할 뿐 그 상황이 나에게 어떤 의미로 다가올지는 결국 '내'가 어떤 마음으로 해석하고, 어떤 태도로 받아들이느냐에 달려 있다.

독서는 한 사람의 삶을 송두리째 바꾸는 전환점이 될 수 있다. 사회에 지대한 영향력을 미치며, 많은 사람들에게 희망의 아이콘 된 전설적인 여성이 있다. 그 여성은 오프라 윈프리로 내가 존경하는 분이기도 하다. 그녀는 다시 일어설 수 없을 만큼 인생에서 최악의 시련을 겪었지만, 책을 읽으며 자신의 고통을 마주하고, 그 상처를 조심스레 껴안으며 치유해나갔다. 나 또한 책을 통해 받았던 위안을 기억하기에 독서가 삶을 변화시키는 그 힘에 깊이 공감하였다.

주변을 둘러보면 내가 제일 힘든 것 같지만 세상으로 눈을 돌리면 나보다 힘든 사람은 얼마든지 존재한다. 그녀의 삶을 엿보며 다양하게 존재하는 불행을 알았고 그 불행 앞에 겸손해질 수 있었다. 책은 삶에 희망이 있다는 것을 모두에게 가르쳐 주고 나아가 끊임없이 희망을 이야기한다. 사람에게는 누구나 무한한 가능성이 내재해 있다고 믿는다. 그리고 책은 그 가능성을 조용히 깨우는 넛지로 삶의 흐름을 바꾸는 신호이자, 더 나은 선택으로 이끄는 안내자이다. 독서는 한 사람의 마음을, 삶의 방향을, 그리고 세상을 바라보는 시선을 바꿀 수 있다는 점에서 그 힘은 결코 과소평가될 수 없다.

아이를 낳고 맞벌이를 하면서, 간절히 바랐던 건 시간이 천천히 흘러가는 것이었다. 저녁에나 겨우 만날 수 있는 아이의 모습을 그때라도 오래도록 눈에 담아두고 싶었다. 그토록 천천히 흐르기를 바랐던 시간은 벌써 11년이라는 시속으로 훌쩍 흘러버렸고, 배냇짓 하던 아이의 모습은 이제 까마득한 옛이야기가 되어버렸다. 드라마에서 주인공이 배냇저고리를 꺼내 들던 장면은 어느덧 내 이야기가 되어 있었다. 이렇듯 흐르는 시간을 붙잡는 것은 언제나 기억을 간직한 물건이다. 마치 그것이 열린 틈 사이로 새어나가는 시간을 꽉 잠가주는 것처럼. 그리고 책을 손에 쥐는 것 또한, 내게는 시간을 잠가두는 일이다. 문장 하나하나에 기억하고 싶은 소중한 시간을 저장하며, 그것을 단단히 잠가둔다.

불행이 지나가고 난 자리에는 행복이 찾아온다. 지난날, 불행이 나를 가로막고 있다고 생각했지만 나를 가로막고 있는 것은 편견과 어리석음이었다. 다행스럽게 나에게 책이 있었고 책을 읽으며 이런 편견과 어리석음을 하나둘 지워나갔다. 불행 안에서는 불행의 모습을 제대로 볼 수 없다. 불행 밖으로 나와야만 자기를 힘들게 하는 일이 무엇인지 또렷하게 보인다. 불행의 본질은 벗어나려 하지 않는 생각에 있다.

노력은 불가능을 가능으로 바꾸는 완벽한 해답은 아니지만, 독서를 이어가는 그 작은 노력이 불완전한 세계에서 빠져나오는 출구를 알려주는 길라잡이가 되어준다. 조금씩 균열이 생긴 세계를 시작으로 미묘하게 삶의 흐름이 변했다. 비록 안녕하지 못한 날이 많더라도 안녕한 내일은 우리를 기다리고 있다고 믿자. 그 믿음은 읽은 생각으로부터 시작되어 사고를 통해 굳혀지고 마음으로 퍼져 나갈 테니.

# 3장

## 책에 대한 사소한 오해들

## 책의 가치는 누가 판단하는가

 가치란 사물이 지니고 있는 쓸모가 값으로 환산된 것이다. 우리는 수요가 많은 것, 더 많은 이들이 찾는 것을 '가치 있는 것'으로 여기는 경향이 있다. 그렇다면 반대로 돈으로 환산되지 않거나 사람들이 찾지 않는 것은 가치가 없는 걸까?

 여름휴가는 물론 여행이란 걸 제대로 해보지 못했다. 학교를 마치고 집으로 돌아온 어느 날, 파란색 더블캡 트럭이 집 앞에 세워져 있었다. 분주히 움직이던 부모님은 그 앞에서 몇 가지 음식을 차려 놓고 두 손 모아 미래의 안전을 바라는 고사를 지내고 계셨다. 그 이후로 우리 가족은 소박하게 놓여있던 음식의 가짓수만큼이나 여행을 떠났을까. 더블캡 트럭에 우리 가족은 첫 여행의 시동을 걸었다. 무릎 위에 앉고, 뒷자리에서는 서로 마주 본 상태로 옹기종기 열 식구가 그렇게 도로를 달려 첫 바닷가에 도착했다. 나는 바다가 파란색인 줄 알았다. 그곳에서 본 세상의 첫 바다는 어두운 잿빛으로 나를 반기고 있었다.

까맣게 그을린 피부 위로 찡그린 얼굴. 그때의 유일한 증인은 낡고 오래된 사진 몇 장이 전부이다. 지금은 간직할 수 있는 추억이 있다는 사실만으로도 단 한 장의 사진이 더없이 소중하고 귀하다. 잔뜩 상기되었던 태양의 기세가 한풀 꺾이자 집으로 돌아오는 길, 더블캡 트럭 뒤에 실린 냄비들은 뜨거웠던 우리의 여름휴가에 장단 맞춰 달그락거리며 요란하게 떠들어댔다. 시끄럽던 마음은 어느새 그 소리에 녹아버렸다. 간직하고 싶은 것이 기억으로 남는 것이 아니다. 간직할 수 있는 것이 기억으로 남는다.

기억할 수 있는 과거의 시간이 있다는 것은 내게 시간은 흘러가는 게 아니라, 쌓이는 것이라 말해준다. 책장을 넘기며 흘려보내는 시간은 지나가는 것으로 끝이 아니었고, 지나간 페이지로 쌓이며 내가 넘어지지 않도록 든든한 버팀목으로 쌓여갔다. 어느새 내 키보다 더 높이 쌓이며 이젠 나의 아름다운 배경이 되어주고 있다. 가치는 그런 것이 아닐까 하는 생각이 든다. 오른쪽에서 왼쪽으로 쌓이는 페이지가 많아질수록 돈으로 환산될 수 없는 가치 또한 적층 되어 가고 있다.

책은 지식을 전달하거나 단순히 시간을 보내기 위한 역할에만 머물지 않는다. 그것은 우리의 기억을 보존하고, 과거의 경험을 재해석하며, 미래의 성장과 새로운 만남을 위한 토대를 마련해 주는 소중한 가치를 지닌다. 책은 우리가 인지하지 못하는 순간에도 우리 삶의 깊은 곳에 스며들어, 결국 가장 소중한 기억과 깨달음을 선물하는 영원한 동반자로 함께하게 된다.

책 제목이 신경 쓰여서, 조심스럽게 책을 펼쳐 읽었던 경험이 있다. 그 책은 역사적 사실과 허구를 교묘하게 결합한 심리 스릴러 소설로 연쇄 살인 사건을 파헤치는 과정을 그리고 있었다. 살인 사건의 단서를 찾기 위해 프로이트의 정신분석 기법을 활용하며, 인간 본성의 어두운 면과 무의식의 깊이를 탐구한 흔적이 돋보여 무척 흥미로웠다. 독자는 범인의 심리를 추적하는 것은 물론 사건의 진실에 다가가며 어느새 작가로부터 심오한 질문을 넘겨받게 된다.

이런 종류의 책을 버스에 앉아 읽고 있을 때면 책의 제목이 사람들의 시선을 끌지 않을까 은근히 신경이 쓰였다. 아니나 다를까, 내용과는 다르게 흘깃흘깃 바라보는 사람들의 시선이 책을 뚫고 느껴지는 것 같아 십중이 어려워졌다. 제목이 너무 자극적으로 보이지 않을까, 모르는 이들이 오해하지는 않을까, 그런 생각이 꼬리에 꼬리를 물었다. 결국 표지가 보이지 않도록 들고 있던 책을 조용히 무릎 위로 내려두었다. 아무도 나에게 뭐라고 하지 않았지만, 이상하게 신경이 쓰였다.

그때를 돌아보면, 나조차도 일부분 책을 겉모습으로 판단했던 것은 물론 책의 가치를 타인의 시선에 맡기고 있었던 것 같다. 그 책이 말하려는 바, 작가가 쌓아 올린 문장과 이야기의 결을 헤아려보기도 전에 제목 하나로 의미를 규정지어 남들처럼 생각하려 했다. 남의 시선에 흔들리며 책을 대했던 태도, 그것이 곧 내가 지닌 책에 대한 편견의 반영이었다. 제목은 주관적인 판단으로 끌어당기는 역할을 할 뿐, 책의 내용을 객관적으로 반영하지 못하고 있다. 왜 그 소설을 읽으려 했는지 거꾸로 기억을 되짚어나갔다. 알 수 없는 나락으로 떨어지려는 마음을 잡아당겨서 끌어냈다. 책의 가치를 시선에 맡기고 싶지 않았다. 그날 이후, 나는 더디더라도 책을 고를 때나 읽을 때, 그 무엇보다 '내가 이 책에서 무엇을 얻고 싶은가'를 먼저 묻기로 했다. 판단은 읽은 후에 가능하다는 것을 알았기 때문이다.

책은 때로 사람보다 더 정직하다. 말 대신 문장을 건네 감동을 주고, 표정 대신 긴 여운을 남겨 생각에 잠기도록 한다. 그런 책을 향해 잠시 낯설고 조심스러워했던 나를 돌아보며, 이제는 더 너그럽고 열려 있는 태도로 다가가려는 노력을 게을리하지 않는다. 누군가가 보기엔 평범한 한 권이 내게는 삶의 방향을 알려주는 나침반이 되었으니까.

지금은 장르의 다양성이 확대되고, 독자의 층은 넓어졌으며, 책이 선택받는 시대가 되었다. 그만큼 책의 모습도 다양하게 수용되고 있는지 생각해 보면 아직은 아닌 것 같다. 책은 하나의 가치로 정의될 수 없는 다양한 의미를 지니고 있어 읽고 어떻게 생각하느냐에 따라서 책의 가치는 달라진다. 책은 우리에게 필요한 관점, 이해, 통찰력, 성찰을 습득하게 한 후 종합적인 판단을 내려 옳다고 믿는 길을 가도록 도와준다. 책에 어울리는 사람이 되고자 읽고 또 읽는다.

서점에서 책을 고르는 이들의 모습을 바라보는 걸 좋아한다. 자신이 읽고자 하는 책 앞에서 서성이며 한참 동안 골몰하는 모습을 보면, 꼭 구매하지 않아도 책에 대한 진정성 있는 태도와 유의미한 가치를 발견하게 된다. 지난 역사에서 금서로 지정된 많은 책은 사람들의 읽고자 하는 욕망까지 금지할 수 없었고 결국 많은 이들의 손에 들려 읽히며 끝내 살아남았다. 그뿐만 아니라 금서라는 이름이 무색하게 후대에 와서 유익한 도서로 평가받기도 한다. 이렇듯 읽는 이들이 만들어 가는 가치는 시간이 지날수록 더욱 깊어진다.

우리는 모두 자신만의 삶의 기준과 신념을 가지고 살아간다. 어떤 사람은 성공을, 어떤 사람은 건강이나 행복을 삶의 최우선 순위에 둔다. 하지만 막상 현실의 선택 앞에 서면, 그 우선순위는 흔들리고 변화하기 마련이다. 중요한 것은 그때마다 스스로의 기준을 다시 세우고 선택하는 힘이 아닐까. 나에게 수만 시간의 깊은 사색이 담긴 책은, 삶의 가치 확립에 영향을 주었고, 덕분에 삶의 우선순위를 조금씩 정립해 나갈 수 있게 해주었다.

 가치는 직접 읽고, 문장 하나하나를 내면화하며, 삶에 적용해 보는 그 모든 과정에서 자라난다. 치열한 사유와 고뇌의 문장들은 내 삶의 뿌리를 키웠다. 책의 가치는 바로 그 배움에서 비롯된다. 필요한 분야를 읽으며, 합리적인 판단을 하고, 직접 행동하면서 스스로 배움의 가치를 증명해 간다. 배움은 배달시키지 말아야 한다. 직접 읽으며 한 문장에 깃든 의미를 분별해 나가는 힘을 키우면 내면의 뿌리에서는 언제고 새로운 싹을 틔울 것이다. 배우기를 멈춘다는 것은 당신 삶의 시계를 멈춰버리는 선택이다.

 독서로 쌓은 지성은 은연중에 태도로 흘러나와 당신을 증명하는 가치가 된다. 한 사람이 지닌 잠재력의 수준과 행동의 파급력은 태도에서 결정된다. "태도를 보면 그 사람이 어떤 결과를 얻을 것인지 예측할 수 있다."라고 짐론이 말한 것처럼 말이다. 나는 책을 대하는 태도에서 그 사람의 마음가짐을 짐작해 본다. 사람의 성향이 저마다 다르더라도 태도가 바른 사람의 공통점은 책을 소중하게 여기고 그만한 대우를 한다는 것을 경험으로 터득했다.

 나의 경우는 유명한 작가의 책은 먼저 찬미하고 읽는 것을 의도적으로 멀리하려 한다. 책은 단순한 종이 묶음이 아니라, 한 시대의 생각과 감정을 담은 귀한 목소리기에 이름난 작가의 책이든, 잘 알려지지 않은 책이든 상관없이 내 안에 담으려 한다. 인간은 평생 살아갈 수 없지만, 책은 평생을 살아간다. 인간의 매우 짧은 인생을 간결하면서도 깊은 의미를 담아 기록한 책은 심오한 사고를 할 수 있도록 도와준다는 점에서 독서란 자신을 성장시키는 과정이고, 그 과정은 끝나지 않을 것임을 안다. 책을 통해 우리는 끊임없이 배우며, 우리가 어떤 사람으로 살아가고 싶은지를 스스로에게 묻도록 만든다.

내가 좋아하는 책을 당신은 좋아하지 않을 수 있고, 내게 유익한 도서가 당신에게 유익하지 않을 수 있다. 보잘것없다고 평가된 책이라도 누군가에게 깊은 울림을 주어 삶의 방향을 바꿨다면, 그 책은 분명히 소중한 책이다. 겉모습이나 제목, 사회적 평판이 아닌, 책이 독자 안에 남긴 질문들 속 내면의 흔들림이 곧 그 책의 진짜 가치일 것이다.

## 제대로 읽었다는 착각

화면으로 정보를 본 사람들은 내용을 더 적게 이해하고 기억한다는 연구 결과가 있다. 아이들은 세상을 순수하게 받아들이지만, 어른은 때론 비판적인 시선으로 세상을 바라볼 줄 알아야 한다. 우리는 글의 맥락을 놓치거나, 사실과 의견을 분별하지 못해 일상에서 크고 작은 어려움을 겪는다. 나아가 사회적 갈등의 씨앗이 되기도 한다. 책을 읽는 것은 개인의 자유로운 선택처럼 보이지만, 가만히 들여다보면 이건 우리 삶의 생존과 직결된 문제라는 것을 깨닫는다. 넘쳐나는 정보 속에서 길을 잃지 않기 위해, 독서는 더 이상 선택이 아닌 필수적인 삶의 항해 도구가 아닐까? 매일 같이 쏟아지는 정보의 바다에서 우리는 그저 양에만 놀랄 것이 아니라, 그 정보가 어디에서 왔는지도 헤아려볼 줄 알아야 한다.

우리가 예전보다 무언가에 집중하기 어려워하는 건 어쩌면 너무나 자연스러운 일인지도 모른다. 빠르게 변화하는 생활 환경 속에서 그 원인을 찾을 수 있다. 식사 중에 문득 전화벨이 울리거나 진동이 느껴지는 것 같아 휴대전화를 확인해 보면, 아무런 연락이 없다. 착각했던 것이다. 나 역시 독서에 몰두하다가도 무의식적으로 휴대전화를 만지작거리며 책에서 멀어지는 순간들이 수없이 많았다. 심지어 극도의 몰입이 필수적인 작가들조차도, 예전과는 달리 독서를 '투쟁'이라고 표현할 만큼 어려움을 호소한다. 요즘 시대는 여러 일을 동시에 처리하는 멀티태스킹보다 한 가지에 깊이 몰입하는 힘이 더욱 중요한 것 같다. 집중력을 높이기 위해 책을 더 읽으려 하고, 오롯이 책에만 몰입하기 위해 일부러 휴대전화를 멀리 두고 책을 펼친다.

심리학자들은 오래전부터 읽는 속도와 정확성이 반비례 관계에 있다고 주장해 왔다. 스크린으로 글을 읽을 때 속도가 빨라지는 현상이 오히려 독해력 저하로 이어진다는 실험 결과는 우리에게 깊은 생각거리를 안겨준다. 학교에서는 이미 디지털 교과서가 종이 교과서를 대체하는 흐름이 거세지고 있다. 이제는 읽는 것이 보는 것으로 바뀌어 가며 '읽는나'는 소중한 행위를 손에서 놓으려 하는 듯하다. 화면은 '보는' 집중력을 높여줄지 모르지만, 정작 '읽는' 집중력을 우리에게서 빼앗아 가고 있는지도 모른다. 우리는 무엇을 잃고 있는지 미처 깨닫지 못하는 것 같다. 어쩌면 책을 읽는 행위를 통해, 우리가 무심코 빼앗겼던 감정과 집중력을 다시 찾아올 수 있지 않을까.

진정한 집중력을 높이고 몰입하는 독서를 경험하고 싶다면, 기본적으로 아는 단어가 많을수록 좋고, 읽고자 하는 책의 배경지식을 미리 알아두는 것이 큰 도움이 된다. 이러한 방식은 '스키마 독서'라는 개념과 맞닿아 있다. 스키마 독서는 우리가 이미 알고 있는 것을 바탕으로 새로운 지식을 더욱 풍성하게 확장해 나가는 독서법이다. 예를 들어 고전을 읽을 때, 그 작품을 쓴 작가의 시대적 배경과 당시의 상황을 미리 알고 읽으면 훨씬 수월하게 글의 의미를 이해할 수 있다. 글은 그 시대를 담아내는 거울이기 때문이다. 나는 시간의 체에 걸러진 고전들처럼, 특히 시대 소설을 읽을 때 이 스키마 독서법의 도움을 많이 받곤 한다.

디지털 세상은 클릭 한 번으로 모든 상황을 변화시키고, 때로는 순식간에 종결시키기도 한다. 갈수록 SNS에서 오가는 대화조차 극도로 짧아지고 있다. 너무나 뜻밖의 일에 기가 막힐 때 쓰던 '어처구니'라는 정감 어린 단어는 이제 '헐'이라는 한 단어로 뭉뚱그려지고, 진정으로 기쁜 감정마저 '개' 좋다는 표현으로 간략해졌다. 우리 내면의 '읽는 지성'이 지적인 마라톤을 시작조차 못한 채 준비 자세에만 머물러 있는 듯해 아쉬움이 밀려든다.

어른의 말 한마디는 아이의 마음에 고스란히 스며든다. 종종 아들이 문제집을 풀다 내게 도움을 청할 때면, 대부분은 문장의 의미를 헤아리기 어려울 때였다. 문제를 읽어 내려가다 보면 아쉬움이 먼저 밀려온다. 제시된 예문만 제대로 읽었더라도 스스로 풀 수 있었을 문제들이었기 때문이다. 빨간펜을 들고 예문을 소리 내어 함께 읽는다. 그리고 문제와 보기가 가리키는 문단과 문장을 함께 찾는다. 아들의 입에서 짧지만 깨달음이 담긴 탄성이 터져 나온다. "아, 이거였어?!" 이 순간은 나에게, 그리고 아이에게 독서의 힘과 진정한 이해는 결국 꾸준히 읽는 것에서 비롯된다는 소중한 가르침을 전해준다.

아이의 삶에서 책을 대신할 수 있는 것이 있을까? 어른으로서 자녀와 사회에 기여할 수 있는 것이 무엇일까? 그것은 바로 아이들에게 책을 가까이 해주는 것이다. 아이들이 책이라는 소중한 친구를 통해 얻은 경험들을 바탕으로 자기만의 이야기를 세상에 펼쳐낼 수 있기를 바란다. 오롯이 제대로 읽어내며 자신만의 길을 걷는 행복한 상상을 해본다.

많은 이들이 바쁜 세상 속에서 정보의 깊은 샘물을 마시기보다, 그저 제목이나 서두만 훑고는 다 이해했다는 착각에 빠지곤 한다. 온갖 위험이 도사리는 세상에서 우리를 지켜주는 것은, 올바른 지식 위에 세워진 신중한 행동이다. 쏟아지는 정보의 파도 속에서 사건과 상황을 명확히 알아보고, 진실을 가려낼 힘을 키우는 것이야말로 우리에게 꼭 필요한 지혜이다. 어쩌면 가장 위험한 것은 우리 자신의 '생각'이라는 색안경일지도 모른다. 이 사실을 겸허히 인정할 때, 우리는 비로소 책이라는 소중한 친구를 가까이하게 될 것이다.

독서는 단순히 활자를 읽어내는 행위를 넘어, 작가의 깊은 생각을 내 안으로 불러들이는 아름다운 과정이다. 책을 온전히 읽어낼 때, 우리는 자신의 의식뿐만 아니라 타인의 의식까지도 마치 내 것인 양 품에 안을 수 있게 된다. 독서에 몰입하는 시간이 깊어질수록, 그동안 내가 읽으며 걸었던 여러 갈래의 길이 하나로 연결되는 지점을 만나게 된다. 바로 이 시기가 독자로서 독서 능력이 한 뼘 더 성장하는 시기다. 자연스레 어휘력이 풍성해지고, 세상을 이해하는 인지적 추론의 폭이 넓어지며, 주변의 작은 것들까지도 깊이 관찰하는 자신을 발견하게 된다.

독서가 어느 정도 궤도에 올랐을 때 호기롭게 펼쳐든 책이 있다. 끈기를 가지고 힘겹게 마지막 장까지 읽어냈지만, 모든 생각이 멈춰버리는 낯선 경험을 했다. 솔직하게 말하자면 작가의 마음을 파고들기 너무나 어려웠으며, 단 한 문장도 공감할 수 없었다. 텍스트가 프롬프트처럼 눈에서 빠르게 지나갈 뿐이었다. 그때 비로소 깨달았다. 독서는 단순히 읽어내는 욕심과 욕망의 대상이 아니라는 것을. 진정한 독서는 그 지식이 나의 일부가 되어 온전히 흡수될 때 비로소 완성되는 여정이다.

만약 그때 누군가와 읽은 책에 대해 이야기를 나누어야 했다면, 나는 아마도 깊은 침묵 속에 잠겼을 것이다. 생각은 일찌감치 멀리 표류해 버렸고, 내 마음엔 아무것도 남아 있지 않은 상태였다. 작가의 생각은 내 것이 되지 못했고, 문장들은 겉돌기만 했다. 분명 다 읽었음에도 불구하고, 정작 아무것도 읽지 않은 사람이 되어버린 것이다. 책을 읽는 일이란 답을 얻기 위해서가 아니라 결국은 올바른 질문을 하기 위해서이다. 질문이 바르면 답은 쉽게 그리고 명쾌하게 얻어진다. 나는 가치가 높은 책에서 답을 찾으려고만 하고 질문하려 하지 않은 실수를 저지르고 말았다.

한동안 '다 읽었다'는 착각 속에 위안을 찾았지만, 이내 도저히 감당할 수 없는 생각의 무게에 짓눌려 결국 다시 책을 펼쳤다. 모든 것은 현실이었다. 그곳에도, 그리고 내가 살아가는 이곳에도. '말'은 모든 존재의 생명이며 가장 진실한 표현이었음을 깨달았다. 퍼뜩 정신이 들며 모든 것이 분명해졌다. 비록 나의 행동에 굳이 언어를 덧붙이지 않아도, 내가 그저 존재하고 있다는 사실만으로도 모든 것이 설명된다는 것을. 더 이상 읽었다는 착각에 머물지 않고, '읽는 행위' 그 자체로 나의 존재를 증명할 수 있게 되었다.

책을 '소유'하여 읽는 것보다, 책을 읽었다는 '경험'을 말하고 싶어 하는 사람들이 늘어나고 있다. 특히 젊은 세대일수록 무언가를 '소유'

하는 것보다는 '체험'하는 것을 선호한다. '경험'은 우리 안의 잠자던 감각을 일깨우고 깊은 깨달음으로 인도한다. 하지만 '체험'은 아쉽게도 경험과는 달리 온전한 깨달음으로 이어지지 못하고, 그저 '행동한 이유'의 근원으로만 머무는 경우가 많다. '한번 해봤으니 됐다'는 자기만족으로 끝나버려 금세 소멸하는 것이다. 겉만 훑은 '체험'으로 가득 채워진 인생이 '미완성'에 가깝다면, 삶의 의미를 깊이 새긴 '경험'으로 채워진 인생이야말로 진정으로 '숙성된 삶'이 아닐까?

독서가 우리에게 허락하는 만큼, 세상을 바라보는 시야는 한없이 넓어진다. 그리고 그만큼 우리는 삶을 더욱 깊이 사랑하게 될 것이다. 책을 읽는 방법은 너무나도 단순하고 명료하다. 바로 반복, 습관, 그리고 진심 어린 노력. 어떤 경험이든 꾸준히 반복하면 어느새 익숙하고 쉬운 일이 된다. 또한, 진정으로 원하는 간절한 마음은 불가능해 보이던 일마저 가능으로 바꾸는 기적을 만들어낸다.

우리 뇌 속에는 아름다운 '읽는 공간'이 자리하고 있다. '어떻게 읽을까' 고민부터 하지 말고 먼저 책을 읽고 싶은 순수한 자신의 마음을 확인해야 한다. 그다음으로, 책을 펼치기 전에 '어렵다'는 편견이나 '나는 안 될 거야'라는 한계를 두지 말아야 한다. '읽었다는 착각'은 사실 '아직 이해하지 못했다'는 솔직한 고백과 같다. 설령 지금 당장 모든 것을 이해하지 못하더라도, 포기하지 않는다면 그 가능성은 언제든 우리 곁에 머물러 있을 것이다.

## 끝까지 다 읽어야만 할까

　영상이 주어진 대로 빠르게 흡수해야 하는 복잡하지만 넓은 고속도로를 달리는 자동차와 같다면, 글은 주어진 것 위에 독자가 천천히 장면을 그려내야 한다는 점에서 한적하지만 비좁은 국도를 달리는 자동차와 같다. 상상하는 일이 좋아서 영상보다 책을 더 선호한다. 우리의 삶도 어쩌면 이와 비슷하기에 인생이라는 글을 삶의 캔버스 위에 직접 써 내려갈 수 있어야 한다. 수없이 많은 퇴고와 수정 끝에, 한 사람의 인생이 조금씩 완성되어 간다. 그런 글을 읽으며 삶의 희로애락을 경험하고, 그 안에서 나를 발견해 왔다.

　책을 펼치는 순간, 그 책에 대한 권한은 독자에게 주어진다. 명저라 해도 한 페이지를 넘기기 힘든 책이 있고, 졸저라 해도 술술 읽히며 마음을 쏙쏙 파고드는 책이 있다. 온몸이 거부하는 책, 나와 맞지 않는 책을 그저 읽기 시작했다는 이유만으로 끝까지 읽어야 한다는 생각에 괴로워하는 사람들을 본다. 그럴 필요는 없다. 책은 당신에게 의무를 부여하지 않는다. 억지로 완독한 그 시간은 아무 교훈도 남기지 못한 채 고통으로만 남을 수도 있다.

독서는 본디 즐거운 행위인데 읽는 즐거움이 사라지는 모습을 볼 때마다 안타까운 마음이 든다. 가끔 주변에서 "읽기 힘든 책을 계속 읽어야 할까?"라고 물어온다. 나는 말한다. "과감하게 책을 덮어도 괜찮아."라고. 나 또한 실제로 중도에 내려놓은 책이 있다. 그중에서 두 권 정도가 특히 기억에 남는다. 한 권은 20대 초반에 읽었던 책이다. 페이지를 넘기며 내 감정은 도무지 설명되지 않는 막막함에 부딪혔다. 글을 아무리 마음에 담으려 해도, 문장이 내 안에 머무르지 못한 채 어느 틈 사이로 새어 나가는 기분이 이어졌다. 계속 읽는 것은 의미가 없다고 판단했고, 결국 책을 덮었다.

다른 하나는 그 반대였다. 이번엔 너무 깊이 이해되어서 마음이 괴로웠다. 책을 읽는 내내 슬픔과 비애가 밀려왔고, 사람들의 절규와 비명이 들리고, 코를 찌르는 시체 냄새가 마치 현실처럼 느껴졌다. 괴로움에 포박되는 듯해 더는 견딜 수 없어 결국 책을 덮을 수밖에 없었다. 각기 다른 이유였지만 책을 끝까지 읽지 못했다고 해서 자책하지 않는다. 이러한 경험도 나를 알아가는 과정이라 생각하기 때문이다. 책을 읽으며 글이 전하는 섬세한 감정을 그대로 느끼고 그 감정에 솔직해지는 사람이 되어가고 있다.

시간이 지나, 다른 도서로 같은 작가를 만났다. 다른 작품들을 접하면서 예전에 덮었던 그 책을 다시 읽어야겠다는 결심이 섰다. 그 책의 결이 조금은 이해되었고, 이전보다 글을 마음에 담을 준비가 되어 있다고 느꼈기 때문이다. 바람이 불면 나무는 흔들려야 한다. 흔들리지 않는 나무는 부러지고 만다. 독서란 행위도 비슷하다. 유연한 사고로 읽을 때, 비로소 생각의 방향이 바뀌고 변화가 시작된다. 생각은 멈춰 있는 것이 아니라, 끊임없이 변화하며 성장하는 살아 있는 생물이다. 그리고 그 유연한 사고는 서로 다른 다양한 책을 읽으며 조금씩 길러진다.

어느 여름, 강원도로 휴가를 떠났을 때의 일이다. 요즘은 지역마다 맛있는 식당을 찾아 떠나는 식도락 여행이 유행이다. 우리가 찾은 식당도 인기 맛집이었고, 한두 시간 대기는 기본이었다. 좀처럼 올 수 없는 강원도라는 거리감은, 그 기다림을 더욱 당연하게 만들어 주었다. 긴 기다림 끝에 드디어 우리 차례가 왔고 대표 메뉴부터 맛보았다. 하지만 SNS에서 극찬했던 맛과는 달랐다. 기대와 어긋나는 씁쓸한 여운이 혀끝에 맴돌았다. 책도 그렇다. 책은 눈으로 맛보는 음식으로 아무리 유명한 작가의 글이라도 내 입맛과 맞지 않을 수 있다. 그 사실을 인정하는 것으로부터 좋은 독자의 첫걸음이 되지 않을까 생각한다.

오랜만에 반가운 친구와 연락이 닿았다. 친구는 또래보다 일찍 결혼하고 아이를 낳아 지금은 고등학생 자녀를 둔 엄마가 되었다. 육아로부터 자유로워진 요즘 자기만의 시간을 보내고자 오랜만에 들린 서점에서 내 생각이 났다고 한다. 그녀는 마음에 드는 책 한 권을 호기롭게 집어 들어 읽기 시작했지만, 몇 페이지를 넘기자 파도에 부딪히듯 힘겨운 문장들이 이어졌다고 한다. 그러면서 예전에 내가 추천해 주었던 책 이야기로 대화는 흘러갔다. 순풍에 돛을 단 듯 술술 잘 읽혔다는 소감에 마음이 행복으로 물들었다.

친구는 독서를 많이 하지는 않지만, 꾸준히 책과 가까워지려 노력하고 있다. 그녀와 이야기하며 다시 한번 느꼈다. 독서에서 가장 중요한 건 흥미를 잃지 않는 것이라는걸. 읽히지 않는 문장들은 덮어도 괜찮다고 말하자 친구는 중간에 포기하는 느낌이 들어 마음이 무겁다고 했다. 그 순간, 나는 웃으며 말했다.

"그만두는 게 아니야. 그건 마치 좋아하는 노래를 듣다 잠시 '일시 정지' 버튼을 누르는 거랑 같아. 언제든 다시 시작할 수 있으니까."

나는 독서가 노래와 닮았다고 생각한다. 읽다가 힘겨울 땐 잠시 멈춰도 된다. 중요한 건, 언제든 다시 플레이 버튼을 누를 수 있는 마음 아닐까.

문체부가 발표한 2023 국민 독서 실태조사에 따르면 우리나라 성인 10명 가운데 6명은 1년 동안 책을 단 한 권도 읽지 않았다고 한다. 성인의 독서율은 고작 43퍼센트에 그쳤다. 책을 읽지 않는 가장 큰 이유는 '일 때문에 시간이 없어서'가 24.4퍼센트로 1위를 차지했고 그 뒤를 이어 스마트폰, 게임, 책 읽는 습관 부족이 꼽혔다. 주변만 둘러보아도 독서를 생활화하거나 습관으로 가지고 있는 이를 찾기란 쉽지 않다. 믿기 어려운 통계는 현실이라고 말해주고 있었다.

책을 펼치는 대신 스마트폰으로 요즘 유행하는 드라마나 예능 프로그램을 시청하는 사람들이 늘어가고 있다. 지하철 안에서도, 커피를 주문하고 기다리는 순간에도, 식사 시간에도, 심지어 화장실에서도 스마트폰을 손에서 놓지 않고 끊임없이 무언가를 소비하고 있다. 스마트폰은 우리보다 더 바쁜 손안의 기계가 되었고, 우리는 콘텐츠의 거대한 파도에 휩쓸리고 있다. 과거에는 텔레비전을 '바보상자'라 불렀지만, 지금은 그 자리에 스마트폰이 대신하고 있는 듯하다. 진짜 바보는, 어쩌면 우리 인간이 아닐까 하는 의문을 떨치기가 어렵다.

나도 한때 독서를 사치라고 생각해 멀리하던 시절이 있었다. 취업에 몰두해야 했던 고등학교 시절, 내신성적과 자격증 시험이 최우선 과제가 되었다. 이력서에 추가할 한 줄을 위해 모든 시간을 '합격'이라는 목표에 쏟아부었다. 그 시절의 나는 책 읽는 시간이 낭비처럼 느껴졌다. 중요한 건 책 속의 문장이 아니라 우수한 성적과 합격을 나타내는 숫자였으므로.

 원하던 취업을 이루었지만, 행복한 시간은 오래가지 않았다. 친구들은 취업이 아닌 대학 진학을 선택했고, 나는 홀로 다른 길을 걸었다. 서로의 환경이 달라지면서 고민도 달라졌고 그럴수록 친구와 이야기를 나누면 공감할 수 없는 이야기의 벽에 부딪히곤 했다. 자연스레 친구들과의 거리는 멀어졌고 그 고요하고 외로운 틈 사이로 내가 한때 외면했던 책이 다가왔다. 외로움에 맞서며 자기 경력을 쌓아가는 여성들의 이야기를 읽으며 활력을 되찾았다. 다른 환경 속에서도 서로를 진심으로 이해하며 긴 시간 우정을 쌓아가는 사람들의 이야기는 깊은 위로가 되었다. 책은 초라한 일상을 밝게 빛내주었고, 내가 나를 '환경'이나 '상황'에 가두지 않는 법을 알려주었다. 대단한 부를 일구거나 눈에 띄는 성공을 이루지 못하더라도 시시하게 살지는 말자는 다짐을 하였다.

 그때의 내가 세상을 원망하거나 환경을 탓하며 쓰러질 수도 있었지만, 책은 그런 나를 쓰러지지 않도록 단단히 잡아주었다. 바깥을 향하던 시선을 거두어 안으로 돌리게 했고, 불안하던 시기를 무너지지 않게 지켜주었다. 끝없이 모질면서도 때로는 한없이 다정한 문장들을 통해 나는 세상을 수용하는 태도를 배웠고, 지금의 나로 자라났다. 내게 절망과 희망을 이어주는 최고의 다리는 좋은 책이었다. 고난을 밀어낼 수 없다면 고난을 끌어안아야 한다. 그렇게 조금씩, 고난이 사라지고 남은 자리에 단단한 내가 남는다.

책은 책일 뿐이다. 유익한 부분은 기꺼이 받아들이고, 불필요하다고 생각되는 부분은 미련 없이 흘려보내면 된다. 이런 관점에서 볼 때, 독서와의 거리는 조금 느슨해도 괜찮다. 내가 어떤 책을 읽고 큰 도움을 받았다고 해서 그 내용이 당신에게도 똑같이 도움이 되리라는 보장은 없다. 하지만 그 확신은 누가 당신에게 쥐어주는 것이 아니다. 오직 스스로 찾아 나서야 하는 것이다. 그리고 확신을 찾았다면, 그것을 굳게 붙잡고 놓치지 않도록 해야 한다. 현명한 저자는 책의 가장 끝부분에 보물을 숨겨둔다고 한다.

어릴 적 소풍을 가면 보물찾기를 하던 그때처럼 인생이란 소풍 속에서 우리는 책의 도움을 받으며 곳곳에 숨겨진 보물을 즐겁게 찾아갈 수 있으면 좋겠다. 지금 읽고 있는 책이 내게 무엇을 가져다줄지 알 수 없지만, 단 한 문장이라도 마음을 넓어주는 글이 있다면 그것만으로도 충분하지 않을까. 책을 가까이하고 싶은 마음, 그 마음만 있다면 책은 언제나 조용히 우리 곁에 머물러 줄 것이다.

## 오래 머물러도 괜찮아

예전보다 독서에 몰입하지 못하는 경우가 많아졌다. 책을 구매하는 일은 여전히 계속됐지만, 문장을 음미하기보다는 정보를 흘려보는 일이 더 늘어났다. 언제부턴가 나도 모르게 책을 읽는 마음이 조금씩 달라지기 시작했음을 알아챘다.

그동안 정보를 얻기 위한 독서에 몰두하고 있었던 것 같다. 하나의 주제를 깊이 파고들어 본질을 이해하기보다 여러 권을 읽어 다양한 지식을 쌓기에만 열을 올렸다. 여러 지식을 흡수하는 경험은 즐거웠으나 그러한 기억은 단기적으로만 머물렀고 시간이 지나자 서서히 지워졌다. 가볍게 읽는 겉핥기식 독서는 깊이 있는 사고를 가로막는다. 물론 책마다 읽는 방식을 다르게 적용하여 효율적으로 독서하는 것도 좋다. 중요한 것은 한 권의 책에 담긴 저자의 깊은 생각과 논리를 따라가는 시간이 충분히 주어졌느냐이다.

나는 책을 대하는 마음이 매번 같을 수 없다는 것을 인정한 이후로 가벼운 독서와 무거운 독서로 구분 지었다. 가벼운 독서는 즐기는 책 위주로, 무거운 독서는 깊이 머무는 책으로 나누었다. 가벼운 독서는 대부분 전자책으로 접하고 있으며, 무거운 독서는 가급적 종이책으로 읽으려 한다. 왜 굳이 종이책이냐고 묻는다면, 나는 이렇게 대답할 것이다. 머물기 위해서라고.

문장에 충분히 오래 머물러야만 작가의 숨결을 느끼고, 숨겨둔 의미를 이해할 수 있으며, 말하지 않은 것들까지도 찾을 수 있다. 즐겁게 읽었던 책을 다시 읽으려 펼쳐도 예전처럼 몰입하지 못하는 경우가 있다. 빠르게 넘기는 페이지마다 문장은 자꾸만 미끄러지기도 한다. 오래 머물러야 비로소 보이는 문장을 찾기 위해 가끔은 시간을 두고 책장을 천천히 넘기면 어떨까.

깊이 있게 생각하면 무엇이든 해결할 수 있다는 말을 좋아한다. 이는 사고의 힘을 강조하는 의미로 한 문장에 오래도록 머무르는 것은 결코 바보 같은 행위가 아니다. 또한, 시간을 버리는 행위도 아니다. 머물며 결정화된 지식을 얻는 행위이며, 남들은 발견하지 못한 가치를 발견하는 세렌디피티(Serendipity) 독서를 하는 것이다. 독서를 하다 보면 어느 한 문장이 번쩍이는 뇌우처럼 마음에 깊이 내릴 때가 있다. 그런 문장은 잊고 싶어도 잊히지 않는다. 또 어떤 문장은 눈을 사로잡아 다른 문장을 보지 못하도록 하는 경우도 종종 있다. 몇 번을 읽고, 다시 또 읽으며 문장에 머문다. 그러다 보면 내 마음은 온통 환희에 젖어 멋스러운 문장과 사랑에 빠진다.

아이가 다니는 학교에서 종이 교과서를 대신해 디지털 형식의 전자 교과서가 일부 제공된다는 안내문을 받았다. 나는 아이가 초등학교 3학년이 되어서야 처음 전자책을 접하게 해주었다. 디지털 시대에 비하면 다소 늦은 출발이라는 걸 안다. 그럼에도 아이가 종이책에 오래 머물기를 바라는 욕심을 놓을 수 없었다. 피할 수 없는 문명이지만, 어차피 겪어야 할 변화라면 그 시기를 조금이라도 늦게 마주하길 바랐다.

앞으로의 미래는 지금보다 훨씬 더 세밀한 부분까지 디지털 기술이 우리 삶에 파고들 것이다. 효율성과 편리함 면에서 전자 교과서를 반기면서도, 마음 한켠에 걱정이 드리우며 자꾸 불편해진다. 요즘은 16부작 드라마를 몇 분으로 요약한 영상이 높은 조회수를 기록한다. 몇 초의 짧은 쇼츠가 인기를 끌자, 기업은 서로 앞다퉈 쇼츠 서비스를 내놓았다. 이제는 오랫동안 한곳에 머물며, 깊이 있게 보는 일이 낯선 시대가 되었다.

무겁고 불편하더라도, 그 느린 호흡 속에만 깃들 수 있는 무언가가 있기 때문에 나는 여전히 종이책을 고집한다. 한 장 한 장 넘기며 손끝으로 전해지는 감각을 좋아하고, 문장마다 천천히 시선을 붙잡는 여운을 즐긴다. 종이책이 주는 멈춤 속에서 생각이 자라고 그 시간을 통과하면 깊이 읽을 수 있다는 걸 안다. 기술이 '더 빨리' 요구하고, '더 간편하게'를 재촉할수록 작가의 말 너머를 상상하고, 나의 기억과 조용히 겹쳐보는 일을 멈추지 않는다. 조금 느려도 괜찮은 길을 선택하고 싶기 때문이다.

우리는 그 어느 시대보다 많은 글을 읽는다. 미국의 한 연구에 따르면, 현대인은 하루 평균 10만 개의 영어 단어에 해당하는 정보를 다양한 기기를 통해 소비한다고 한다. 하지만 그 안에서 우리는 과연 얼마나 깊이 있게 읽고 있는 걸까. 우리의 눈은 세상을 보기 위해 존재하고, 우리의 뇌는 글을 읽으며 진화해왔다. 그런데 앞으로 우리의 뇌가 단순히 스쳐 지나가는 화면을 보기 위해서만 존재하게 되는 건 아닐까 우려스럽다. 디지털 읽기를 계속하면 종이책을 읽을 때 형성되던 뇌의 '깊이 읽기 회로'가 사라질 수 있다고 경고한다. 그것은 비판적 사고와 반성, 공감과 이해 같은 중요한 능력을 만들어 내는 근원이기에 많은 학자들이 읽기를 강조한다. 뇌 가소성으로 한번 디지털 읽기에 익숙해진 회로는 좀처럼 예전으로 돌아가려 하지 않기 때문이다.

디지털 읽기는 '읽는다'기보다는 '훑는다'에 가깝다. 노르웨이의 한 실험에서는 전자책으로 읽은 사람이 종이책으로 읽은 사람보다 줄거리와 논리 구조를 더 잘 잊는다는 결과도 나왔다. 영상은 즐겁고 편하다. 오락과 회피를 동시에 제공하며, 잠시 고민에서 도망칠 수 있는 시간을 허락해 주지만 우리의 삶을 책임져주지는 않는다. 책임지는 태도는 자기 자신을 믿는 마음에서 비롯된다. 자신을 믿기란 쉬운 일이 아니다. 유년 시절, 나를 믿지 못해서 순응하며 보냈다. 세상의 말보다 자기 자신의 내면의 목소리를 믿는다는 건, 많은 시간과 노력을 필요로 한다. 그래서 명상이나 독서를 권장하는지도 모른다. 조용히 스스로를 들여다보고, 흔들리지 않는 나만의 중심을 만들어가기 위해서.

책 한 권에는 짧게는 몇 개월, 길게는 수십 년에 걸친 기록과 작가의 경험, 생각이 담겨 있다. 몇 시간의 대화로 한 사람의 삶을 온전히 이해할 수 없다. 세상에 똑같은 사람이 존재하지 않듯, 똑같은 이야기도 존재하지 않는다. "아무리 유익한 책이라도 절반은 독자가 만든다."라는 볼테르의 말처럼 책이 독자의 손에 닿는 순간부터 그 이야기는 독자의 것이 된다. 사람의 결이 다른 것처럼 누군가는 이야기를 빨리 끝내고 싶어 할 수도 있고, 오래도록 이야기를 나누고 싶어 할 수도 있다. 독서도 다르지 않다. 나와 맞는 책, 맞지 않는 책이 있을 뿐이다. 그러니 다양한 책을 만나보길 바란다. 오래도록 함께할 이야기를 조용히 알아볼 수 있게 되니까.

아이에게 종이책 읽는 습관을 키워주려 애쓴다. 책을 다 읽으면, 함께 앉아 주인공에 대해 이야기하고 어떤 장면에서 어떤 감정을 느꼈는지, 너라면 어떻게 했을 것 같은지 묻는다. 그때마다 두 뺨이 붉게 달아오르며 말을 쏟아내는 아이의 모습에서 책에 대한 열정이 느껴져 사랑스럽다. 그 시간이 나에겐 무척 소중하다. 독서하는 시간이 항상 즐거울 수는 없다. 그러나 따분함과 단조로움이 지나가면 비로소 만날 수 있는 아름다움과 즐거움이 있다. 요한 볼프강 폰 괴테는 "그 사람이 어떻게 시간을 보내는지 알면 어떤 사람이 될지 알 수 있다."라고 했다. 독서하며 머무는 시간을 우리는 더 진지하게 바라볼 필요가 있다. 나를 만드는 시간, 그 시간을 소홀히 할 수는 없다.

누군가는 같은 책을 반복해 읽는 아이의 독서 습관을 걱정하기도 하고 다른 누군가는 책 읽는 속도가 느린 자신의 모습을 답답해하기도 한다. 오래 머문다고, 천천히 읽는다고 해서 그것이 부족한 독서를 뜻하는 것은 아니다. 자기만의 속도, 자신만의 방식으로 책을 대하는 것 역시 충분히 아름답고 가치 있는 독서다. 책을 빨리 읽어야 할 이유는 없다. 대부분의 작가는 천천히, 머무르듯 읽는 것을 권한다. 문제는 사회가 '빨리빨리'를 강요하고 있다는 데 있다.

다독하는 사람만이 독서를 잘하는 것처럼 여겨지고, 속독이 능력처럼 치켜세워지는 분위기 속에서 이제 막 책을 읽으려는 이들이 위축되기도 한다. 나는 책 읽는 속도를 신경 쓸 필요가 없다고 자신 있게 말한다. 책은 결코 독자를 선택하지 않는다. 오히려 우리가, 읽을 책을 선택한다. 차를 타고 도로를 달릴 때는 느끼지 못하다가 두 발로 길을 걸을 때면 지나가는 계절을 가까이 느낀다. 푸른 하늘, 청명한 햇살, 바람 따라 흔들리는 나뭇잎과 꽃. 이처럼 천천히 읽는다는 것은 보지 못했던 것을 보기 위한 마음의 노력이지 않을까. 자세히 읽으면 예쁜 마음이 보이고 오래 읽으면 사랑스러운 마음이 보인다. 독서는 그렇게 마음의 창문을 활짝 열어준다.

독서에 정해진 방식이란 없다. 중요한 건, 책을 사랑하는 마음이다. 사랑에 서툰 사람이 실수를 반복하듯, 처음 독서를 시작하는 이가 서툰 것은 너무 당연한 일이다. 누군가를 처음 만나 친해지기까지 시간이 필요한 것처럼 독서를 잘 하고 싶다면 천천히, 여러 번 만나면 된다. 한 글자 한 글자 음미하며 입안에 퍼지는 깊고 풍부한 맛이 가슴까지 퍼지도록 충분한 시간을 주면 된다. 책을 펼치면 그곳은, 오래 머물러도 괜찮은 나만의 장소가 된다.

## 책을 많이 읽으면 말을 잘할 수 있을까

어떤 분야에서 뛰어난 경지에 이르거나 최고의 덕망을 갖춘 사람들은 하루의 3분의 1 이상을 독서에 투자한다는 통계가 있다. 내가 알고 있는 투자의 대가들은 남들보다 몇 배 이상 많은 책을 읽는다. 그들은 왜 읽고 또 읽으며 남다른 독서 애정을 꾸준히 실천하는 것일까.

어느 주주총회에서 투자의 대가는 한 소녀에게 최고의 투자법을 알려주있다. 그것은 기업이나 불실에 대한 투자가 아니었다. 바로 가치에 대한 투자로 자기 자신에게 투자하는 것이 최고의 투자라며 부연 설명을 하였다. 매우 간단명료해 보이는 말이었지만, 그 속에는 삶의 지혜와 사람과 세상을 꿰뚫어 보는 통찰, 자기 자신을 단단히 세우는 조언들이 깃들어 있었다. 궁금했다. 누구나 알고 있는 사실을 남들과는 다르게 해석하는 힘과, 많은 사람들의 마음을 두드리는 울림 있는 말이.

책을 많이 읽은 까닭으로 말을 잘하는 것일까. 물론 영향을 받았을 것이다. 하지만 많이 읽으면 누구나 그렇게 말을 잘할 수 있을까? 나는 그렇지 않다고 생각한다. 많이 읽는 사람이 반드시 말을 잘하는 것은 아니다. 그렇다면 말을 잘하는 사람은 모두 책을 많이 읽은 사람이어야 할 테니까. 나는 많이 읽었지만, 말을 잘하지 못한다. 여전히 대중 앞에 서는 일이 어렵고, 여전히 대화를 이끌어가는 일이 부담스럽다. 독서와 말하기 사이에는 숫자로 설명되지 않는 무언가가 있다는 것을 안다. 읽은 양보다 더 중요한 건, 어떤 마음으로 읽었고, 그 시간이 내 안에서 어떻게 쌓였는가 하는 점이라는 것을.

나는 말보다는 쓰는 것을 더 선호하는 편이다. 친구의 생일이면 편지를 썼다. 가볍게 시작한 문장은 어느새 3~4장씩 장문의 편지가 되어 있었다. 연애를 할 때도 말보다는 펜으로 전하는 고백이 좋았다. 목소리의 언어는 마음의 속도를 빠르게 따라가지만, 펜은 그 속도를 따라가지 못한다. 그 대신, 펜으로 꾹꾹 눌러써 내려가면 마음은 조용히 한 걸음 다가와 멈추고, 다시 또 한 걸음 다가온다. 그렇게 써 내려간 편지는 며칠을 곱씹게 되는 긴 마음이 되었다. 그 진심이 참 좋았다. 기념일이 아닌 평범한 날, 애인으로부터 아무 예고 없이 수줍게 건네받는 편지 한 장은 그 하루를 작은 축제처럼 만들어 주었다.

군에 간 친구에게 팔이 아플 정도로 꾹꾹 눌러쓴 편지를 보내면, 답장은 늘 수화기 너머 환한 목소리로 돌아왔다. 지금도 안부를 묻거나 짧은 메시지를 전할 일이 있으면 나는 자연스레 펜을 집는다. 말은 함축해야 하지만, 글은 풀어낼 수 있기 때문이다. 글은 생각을, 이야기를, 마음을 하나하나 풀어낸다. 그래서 책도 그렇게 작가의 마음을 풀어 전해주는 것이다. 말을 잘한다는 건 얼마나 많이 읽었느냐보다, 얼마나 깊이 읽은 것을 나만의 언어로 정리해냈느냐에 달려 있다. 말은 순간이지만, 글은 흔적이 되니까.

독서에 관해 다양한 편견이 따라붙는다. 책을 끝까지 읽어야 한다든가, 어려운 내용일수록 좋은 책이라든가, 속독하면 책을 대충 읽는 것이라든가. 책을 읽는 방식에 정답은 없는데도 불구하고 사람들은 쉽게 책과 책을 읽는 사람을 평가한다. 편견 속에서도 꿋꿋하게 책을 읽고 흔들리지 않으려 한다. 올바른 지성의 태도를 잃지 않기 위해 독서를 멈추지 않는다. 내 삶을 충실히 살아가는 데 책이 얼마나 든든한 토대가 되어주었는지 알고 있다. 내가 경험으로 깨달은 독서의 진실은 많이 읽을수록 삶의 태도 역시 깊어지고, 사람의 말과 생각도 더 매력적이면서 단단해진다는 것이다.

하지만 많이 읽는 것만이 능사는 아니다. 나는 많은 책보다, 다양한 책을 읽는 일을 더 소중하게 여긴다. 다양한 책을 읽는다는 건 생각이 시들지 않도록 끊임없이 숨을 불어넣는 일이다. 어릴 적 부모님은 철마다 논과 밭에 농약을 뿌리셨다. 벼와 고추처럼 한 가지 작물만 가득한 밭엔 어김없이 병충해가 들끓었다. 그런데 들판에 어지럽게 핀 잡초들 사이에서는 병충해 걱정이 없었다. 한 분야의 책은 깊은 지식을 줄 수 있어도 시야를 좁히고, 생각의 균형을 무너뜨릴 수 있다. 그래서 나는 다양한 책을 읽는다. 잡초들 사이에 핀 들꽃처럼, 편견에 물들지 않고 내 생각의 들꽃을 피우고 싶어서.

독서를 대하는 마음가짐은 삶의 태도를 바꾸고, 그 태도는 곧 시너지가 된다. 어린 시절, 친구들이 향하는 방향과 달리 나는 부모님의 일을 돕기 위해 비닐하우스로 걸어갔다. 그 길 위에서 한참동안 세상을 원망하기도 했다. 그때 우연히 만난 책 한 권이 세상을 탓하며 인생을 소모하지 않도록 내 손을 잡아주었다. 소모되지 않은 에너지는 조금씩 내면에 쌓인다. 매력적인 사람은 결국, 자신 안의 에너지가 충만한 사람이다. 그 에너지는 말투와 눈빛, 작은 행동 속에서 자연스럽게 드러난다. 태도에서 느껴지는 따뜻함은 사람의 마음을 사로잡는다. 그리고 말은 태도에서 자연스럽게 피어나는 열매 같은 것이다.

이 모든 변화는 책을 대하는 태도에서 시작된다. 매일 말하고, 듣고, 읽고, 쓰는 이 '언어'라는 세계를 가볍게 여기는 사람은 알지 못한다. 태도의 힘이 삶에서 얼마나 멀리 뻗어나갈 수 있는지를. 인간은 생각을 멈출 수 없는 존재다. 그 생각이 단 0.1퍼센트만 바뀌어도 인생의 각도는 점점 달라진다. 사람이 책을 만들고, 책은 다시 사람을 만든다. 그러니 책을 읽었다면 무엇이든 그 기록을 남겨보았으면 한다. 조금이라도 좋다. 그 작은 기록이 삶의 방향을 다시 정돈해 줄지 모르니까.

아들이 지금보다 더 어렸을 적의 일이다. 딱지를 접던 아이가 어깨를 들썩이더니, 내 눈을 보며 말했다.

"엄마, 도와줘! 이 부분이 어려워서 조금 버거워!"

순간 아이의 '버겁다'는 표현에 깜짝 놀랐다. 가르쳐 준 적 없는 표현이었고 평소 사용하던 말이 아니었기 때문이다. 어려워하는 부분을 도와준 후 물었더니 아들은 책에서 읽었다고 한다. 평균적으로 5세 아이들은 약 1만 개의 단어를 자연스럽게 익힌다고 한다. 아이들은 자연스럽게 책을 접하며 어휘력을 키울 뿐 아니라, 그 단어를 언제, 어떻게 써야 자연스러운지도 배운다. 유연한 사고와 추론 능력을 스스로 다져간다. 독서하며 배우는 새로운 단어나 표현은 하나의 또 다른 세계로 자리 잡는다. 엄마로서 욕심나는 게 하나 있다면, 그것은 아이가 책을 손에서 놓지 않는 모습이다. 책을 가까이하며 글이 뜻하는 바를 이해하고, 그 안에서 자신만의 인생을 주도적으로 살아가길 희망해 본다.

블로그 글을 읽으며 '부독부 빈독빈'이라는 신조어를 접했다. 신선한 충격이었다. 책을 많이 읽는 사람은 더 많은 책을 읽으며 지식을 쌓고 성장하는 반면, 책을 읽지 않는 사람은 마음이 가난해져 더욱 읽으려 하지 않는다는 뜻이다. 더 안타까운 것은 후자의 경우, 그 마음의 빈곤을 들키지 않으려 계속해서 자기 자신에게 거짓말을 하게 된다는 점이다. 반면, 책을 가까이하는 사람은 말보다 행동으로 자신을 증명한다. 이 모든 것은 생각이 행동을 만들기 때문이다.

단순히 책을 많이 읽는다고 해서 말을 잘하게 되는 것은 아니다. 그저 잘하는 것처럼 보일 뿐이다. 우리는 나무가 아니라 숲을 보는 독서를 해야 한다. 이 글을 읽는 당신이라면 어느 한쪽으로 치우친 독서를 하지 않길 바란다. '무엇을 해야 할까?' 보다 '어떻게 해야 할까?'가 훨씬 중요하다. '무엇을 말해줘야 할까?' 보다 '어떻게 말해줘야 할까?'를 고민해야 한다. 말이란 서로 주고받는 소통의 언어이다. 예를 들어, 늦은 시간까지 야근한 동료와 헤어질 때 "수고했어. 내일 봐."라는 말보다 "오늘 정말 수고 많았어. 덕분에 일이 수월하게 마무리된 것 같아, 고마워. 내일 봐."라는 말이 동료에게는 더 큰 힘이 될 것이다. '일'이라는 말보다 '고마워'라는 마음이 상대방에게 전달되느냐가 소통의 핵심이다.

우리는 서로 다른 존재이기에 서로의 생각을 이해하지 못할 때가 많다. 말만 잘하는 사람에게는 왠지 모를 거리감이 생기고, 믿음과 신뢰가 쉽게 싹트지 않는다. 마음을 먼저 읽고 공감해 줄 때, 상대방은 닫혀 있던 마음의 문을 조용히 열고, 깊이 있는 신뢰를 보내온다. 진짜 소통은 자신의 마음을 진솔하게 꺼내 보일 때 시작된다. 그리고 그 마음을 이어주는 가교가 바로 공감이다. 그래서 책을 읽을 때도 얼마나 많이 읽었는지를 따지기보다 작가의 의도와 문장의 숨결에 귀 기울이는 태도가 더 중요한 것이다. 양을 채우는 독서는 언젠가 질을 추구하는 독서로 자연스럽게 나아가게 된다.

"책을 많이 읽는다는 사람이 말을 그렇게 밖에 못할까?"라는 언짢은 말을 듣기도 한다. 책을 두고 한 말일까, 나를 두고 한 말일까. 책을 읽는 사람의 언어는 무엇이길래 그러는 것인지 묻지 않을 수 없다. 책을 읽는 사람의 생각이나 언어는 정해져있는 것처럼 이야기하는 모습이 불편하다. 독서는 좁게는 자신을 위한 일이면서 넓게는 타인을 위한 이타적인 행위 중 하나이나. 하지만 타인을 위한 행위를 강요할 수는 없다. 타인의 몫까지 하기 위해 책을 읽는 것이 아니다. 먼저는 내 몫을 잘 하기 위해 읽는 것이다. 측정되지 않은 삶의 무게와 정해지지 않은 책임을 알기 위해 읽는다. 원치 않은 일을 지속하며 자신을 잃어가기 보다 '이렇게는 살지 말아야지'라는 자기반성을 통해 삶을 책임지는 사람이 되어간다. 계획했던 일이 물거품이 되어 사라져도 이 정도는 견뎌낼 수 있으니 다시 해보겠다는 다짐으로 삶의 무게를 이겨낸다.

말재주는 타고나는 것이 아니고 조금씩 길러지는 것으로 누구나 책을 읽는 노력만으로 충분히 키울 수 있는 재능이다. 책이 건네는 이야기에 귀를 기울이고 그 안에서 질문을 배우고 조금씩, 상대의 마음을 얻는 법을 익혀간다. 갈수록 사회는 각박해지고 사람들의 마음은 점점 메말라 건조한 사막처럼 갈라지고 있는 건 아닐까, 걱정이 들기도 한다. 생각하는 대로 살아가는 것도 지혜롭지만, 읽은 대로 살아가는 것 또한 현명한 삶이라 믿는다. 말을 잘하는 사람보다 마음이 따뜻한 사람으로, 온정 어린 말을 건넬 수 있는 사람으로 살아가고 싶다.

## 하라는 대로 해도 성공하지 못하는 이유

"엄마, 이 책 정말 재미있다!"

긴 호흡의 글을 읽어낼 필요성을 느끼며 아들에게 며칠 전 추천해 주었던 책이다. 끝까지 잘 읽을 수 있을까 내심 걱정도 됐다. 하지만 아들은 걱정과 달리 재미있게 읽으며 마지막 장을 덮었고, 그 대견한 모습에 마음이 따뜻해졌다.

여운이 남았는지 이번에는 같은 작가의 다른 책을 스스로 대여해 왔다. 며칠째 책 속에 푹 빠져 집중하여 읽는 모습을 보니, 새삼 독서가 가진 힘을 실감한다. 무엇보다 읽고 나서 "재미있다"는 한마디에 나는 충만한 기쁨을 느낀다. 책을 읽고 난 뒤의 마음을 오래 간직하고 싶다면 독후감을 써보라고 조심히 권했다. 그러자 아들은 망설임 없이 독서 노트를 들고 내 옆에 와서 앉더니 읽은 책에 대한 생각을 차분히 써 내려갔다. 아마도 그 순간, 아들은 책이 주는 교훈은 물론 독서가 주는 기쁨까지도 충분히 느꼈을 것이다. 그리고 언젠가, 이 기억을 꺼내 볼 것이다. 기록은 쉽게 바래지 않으므로.

나는 단지 쓰기를 권했을 뿐이다. 선택은 아들의 몫이었다. 그렇게 시작한 기록의 시간 역시 내가 과거에 지나온 길이다. 누가 시킨 것도, 평가받기 위해서도 아니었다. 막연히 책 속 주인공에게 편지를 쓰고 싶었던 것 같은 기억이 어렴풋이 난다. 부치지 못할 편지라는 걸 알면서도 괜찮았다. 꾹꾹 연필로 눌러쓴 연필 자국이 종이 위에 진한 흔적을 남겼고, 그것은 내 마음에도 지워지지 않는 자국이 되었다. 그렇게 남은 자국은 독서에 대한 첫 기억으로 오래도록 남았다.

지금도 책을 읽고 나면 무언가를 기록으로 남긴다. 그건 의무가 아니라 나를 위한 시간이다. 그래서 계속할 수 있었다. 책을 읽는다고 모두가 성공하는 건 아니지만, 책을 읽는 사람이 반드시 더 나아진다고 믿는다. 시키는 대로 정답을 따라 적는 게 아니라, 나만의 문장으로 세상을 받아들이는 힘. 그 힘이, 결국엔 스스로 선택한 길을 걷게 해준다. 해야만 하는 일이 아니라 나를 위한 일이었으므로 지금까지 이어올 수 있었다.

학창 시절, 독후감 대회가 열린다는 소식이 들릴 때마다 마음에는 강한 거부감이 치밀었다. 그 이유는 단순했다. 담임 선생님의 말씀이 떠올랐기 때문이다.

"우리 반에서 꼭 수상하는 학생이 있어야 해!"

그 한 마디는 독서를 즐기는 마음을 모조리 앗아갔다. 수상이라는 목표 앞에 책은 도구가 되어 독서를 즐기지 못했고, 글쓰기는 부담으로 다가왔다. 그 시절 나는 독서를 통해 무엇을 느꼈는지조차 기억나지 않는다. 아마 그때 깨달았던 것 같다. 강요보다 권유가, 타인의 결정보다 스스로의 선택이 훨씬 더 효과적인 동기부여가 된다는 것을 말이다.

물론 사람마다 생각이 다를 수 있겠지만 나는 무엇을 지속하기 위해서 꼭 필요한 것은 '즐거움'이라 생각한다. 상황을 내가 주도하고 있다고 느낄 때, 그 일에 대한 책임감도 자연스럽게 따라온다. 탓하거나 원망하기보단 "어떻게 해야 하는가?" 질문하게 된다. 바로 그 질문에서부터 변화가 시작된다 생각하며 상황을 바꿀 방법을 찾게 되는 것이다. '하라는 대로 했는데'라는 말은 곧, '시키는 대로 했는데'와 같다. 자기 생각이나 판단 없이 행동하는 것은 목적지 없이 달리는 자동차와 비슷하다. 어디로 가는지도 모르고 달리는 차는 선뜻 누구도 핸들을 잡으려 하지 않는다. 성공이든 성장이든, '내가 왜 이 일을 하고 있는지'에 대한 분명한 내면의 동기를 알아야만 원하는 목적지에 도착할 수 있다.

아들은 독후감을 다 쓰고 나면 꼭 내게 가져와 내민다. 언뜻 보이는 오타에 삐뚤빼뚤한 글씨, 어색한 문장이 눈에 띈다. 하지만 그 안에는 분명 책을 기억하려는 노력이 깃들어 있다. 그래서 나는 고쳐야 할 점보다 먼저 잘한 부분을 언급하며 칭찬해 준다. 굳이 보완할 부분이 있다면 지적이 아닌, 질문을 건네는 편이다.

"여기서 주인공은 왜 그런 선택을 했을까?"
"너라면 어떻게 했을 것 같아?"

때로는 근거 없는 칭찬이라도, 그것이 뜻밖의 사실이 되는 순간이 있다. 긍정적인 기대나 관심이 사람에게 좋은 영향을 미치는 피그말리온 효과처럼 말이다. 주인공처럼 할 수 있겠는지 물으니, 아들은 말없이 배시시 웃는다. 그 웃음 속에 나는 스스로 잘하고 있다는 믿음을 읽는다. '하라는 대로'가 아니라 '내가 하고 싶어서' 하는 일의 힘이 거기에 있으므로.

며칠 뒤, 출근 준비로 분주한 어느 아침이었다. 아들을 어렵게 깨우는 데 성공했지만, 거실로 나와 다시 바닥에 벌러덩 누워버렸다. 아직 잠이 덜 깬 얼굴이었다. 나는 조심스럽게 말했다. "세수 먼저 하고 아침 먹는 건 어때? 잠도 깨고 밥 먹기도 좋을 거야." 하지만 아들은 고집스럽게 "조금만 더 쉬었다가 먹을래"라고 대답했다. 국이 끓고 있는 동안 다시 한번 설득했다. "지금 씻고 오면 아침 시간이 훨씬 여유로울 거야." 그래도 꼼짝하지 않았다. 그 순간, 장난스러운 말투로 한마디를 툭 던졌다. "책을 읽은 아들은 어디로 가버렸을까?"

그 말에 아들은 피식 웃음을 터뜨리더니 말없이 화장실로 향했다. 반신반의하며 꺼낸 말이었지만, 책을 읽으며 남긴 인상이 결국 아들의 행동을 조금이나마 바꾸었다는 사실에 기뻤다. 생각해 보면 세상에는 지름길을 알려주는 사람이 참 많다. 성공하는 법, 부자가 되는 법, 행복해지는 법까지, 아낌없이 알려주려 한다. 하지만 정작 그 길을 따라가 진짜 성공하거나 부자가 된 사람은 그리 많지 않다. 왜일까. 왜 우리는 '하라는 대로' 해도 변화하지 못하는 걸까? 그건, 책이 알려주는 삶과 나의 현실이 다르기 때문이다. 책은 방향을 알려줄 뿐, 발걸음은 스스로 내디뎌야 한다. 따라가는 흉내만으로는 닿을 수 없다. 누군가의 말, 누군가의 방식이 아닌, 나만의 방식과 호흡으로 삶을 살아내야 한다.

아이들을 보면 더 확실히 느낀다. 아이는 부모 태도와 사고방식을 그대로 복사해 간다. 나쁜 행동과 나쁜 사고방식이 만연한 세상을 상상하기 싫다. 아이들이 세상의 나쁜 생각에 물들지 않기를 바라서, 어른인 내가 먼저 좋은 생각으로 살아내려 한다. 부족했던 나의 부모 자리를 대신해 준 것이 있다면, 바로 '책'이었다. 책은 내게 정신적 조언자가 돼주었고, 때로는 묻지도 않은 질문에 먼저 답해 주는 선배가 돼주었다. 책이 하는 말이라면 마음을 열고 경청했고, 마음에 남은 문장은 곧장 메모지에 옮겨 적었다. 그것은 점점 '나의 말'이 되어갔다.

지금껏 평균이 되기 위해, 평균을 맞추기 위해 하라는 대로 착실하게 사회가 만들어 놓은 길을 따라 걸었다. 그렇게 하면 개인의 평온이 보장되는 줄 알았다. 그러나 불행한 사람들은 지속적으로 늘어나고 있으며 끊임없는 불안을 호소한다. 길 위에서 길을 잃은 것처럼 서성인다. '어떻게 하면 좋을까?' 걱정하면서 의존적인 태도를 버리지 못한다. 독서하며 깨달은 것은 읽으며 생각하고 질문하는 습관이 의존적인 태도를 자기 주도적인 태도로 바꿔준다는 것이다. 함께 걸을 수 있는 길이 있고, 나 혼자서 걸어야 하는 길이 있다는 것을 분명히 구분할 줄 알아야 한다. 독서하며 자기 주도성이 채워지면 혼자 걸어야만 하는 길을 걸을 때도 두렵지 않다.

직장 선배와 커피를 마시며 이런저런 이야기를 나누다 보면, 자연스럽게 자녀 교육 이야기로 흘러가곤 한다. 최근에는 아이가 예전보다 책에 흥미를 잃은 것 같아 걱정이라는 이야기를 꺼냈다. 나는 오래

전 기억 속에 남아 있던 그 아이의 모습을 떠올렸다. 작은 손으로 책장을 넘기며 이야기 속에 빠져들던 그 꼬마 숙녀. 지금도 또렷이 떠오르는 그 모습은, 선배의 말과 쉽게 겹쳐지지 않았다. "요즘엔 무엇을 읽고 있어요?" 내가 조심스럽게 묻자, 선배는 잠시 머뭇하더니 말했다. "일본 소설을 읽고 있어. 청춘 로맨스. 내용이 너무 가볍지 않을까 걱정돼." 꼬마 숙녀는 책에 흥미를 잃은 것이 아니었다. 단지 관심의 방향이 달라졌을 뿐이다.

세상이 정해둔 '바람직한 독서'의 틀에 들어맞지 않는다고 해서, 책을 멀리했다고 판단하는 건 옳지 않다. 책의 무게보다 중요한 건, 책을 대하는 마음이다. 꼬마 숙녀는 여전히 책을 읽고 있었다. 다만, 누군가 기대하는 방식이 아니라, 스스로 흥미를 느끼는 이야기 속에서 자신의 세계를 확장하고 있는 중이었다. 아이가 어릴 땐 부모의 독서 방향 제시가 도움이 될 수 있지만, 글을 스스로 읽기 시작한 이후부터는 주도적으로 방향을 찾아가는 경험이 중요하다. 자발적 독서는 작가의 다른 작품이나 관련 분야로 관심이 확장되며, 자연스럽게 독서의 폭을 넓혀준다. 아이가 정체성을 형성해 가는 시기인 만큼, 걱정보다는 가능성을 바라보는 태도가 필요하다.

머지않은 미래에는, 책을 읽지 않는 사람은 결국 변화하는 세상 속에서 길을 잃게 될지도 모른다. 책을 덮는 순간, 독서는 비로소 시작된다. 책이 무슨 말을 했는지, 그 말이 내 삶에 어떻게 스며들 수 있는지를 물으며 읽어야 한다. 질문이 많은 책은 좋은 책이다. 한 권의 책이 가진 고유한 목소리를 존중하고, 독자의 고유한 시선으로 받아들이면 결국, 자신의 언어로 세상을 살아가게 될 것이다. 책을 읽을 때, 주어를 잊지 말자. 문장을 움직이는 가장 핵심이 되는 주어는 '저자'가 아니라, 바로 책을 읽고 있는 '나'이다.

## 책은 정답을 주지 않는다

아이를 키우다 보니 관심을 두지 않으려 해도 자연스럽게 교육 쪽으로 귀가 열리곤 한다. 사회적 논란이 되며 시끌벅적했던 영어유치원 인기를 기억한다. 꼭 그렇게까지 해야만 할까? 옆에서 책을 읽고 있는 아들의 옆모습을 조용히 바라본다. 나는 무엇을 위해 아이에게 끊임없이 독서를 권유하고 있는 것일까. 그리고 왜 나는 더 많은 책을 읽지 못한 것을 후회하고 있는 것일까.

독서는 목소리가 없는 스승에게 배우는 시간이다. 자신의 독서 수준을 알면 책을 읽는 기술을 효과적으로 향상시킬 수 있다는 것을 다양한 독서를 통해 알게 되었다. 독서는 크게 3가지 수준으로 나뉜다.

제1수준은 기초적인 읽기 단계로 글을 읽기 시작하여 학업을 할 수 있을 정도의 수준이다. 이 단계에서는 글을 읽는 것 외에도 상황을 통해 단어의 의미를 직감적으로 파악하는 특징을 지닌다. 예를 들어 부모님이 웃는 얼굴로 "잘했어"라고 말할 때 그 의미를 이해하고, 인상을 찌푸리며 "안 돼"라고 말할 때 그 의미를 본능적으로 이해하는 것이다.

독서의 제2수준은 살펴보며 읽기다. 이 단계는 진정한 읽기 수준에 이르렀다고 할 수 있다. 다만 기초적인 읽기 능력을 제대로 갖추지 못하면 제대로 살펴볼 수 없다. 살펴보기 수준에서는 훑어보기나 미리 들여다보기, 읽어야 할지 말아야 할지 등을 결정할 수 있다. 속표지나 서문 보기, 목차 보기, 색인 보기, 광고 보기 등 이러한 것들이 여기에 속한다. 이렇게만 해도 매우 능동적인 읽기가 가능하다.

책 읽기의 중요한 원칙은 처음부터 끝까지 무조건 읽어 내려가는 것이다. 쉽게 이해되지 않는 부분이 있어도 뭔가를 찾아보려고 하거나 곰곰이 생각해 보려고 하지 말고 읽는다. 이해할 수 있는 부분은 주의를 기울여 읽고, 금방 이해가 안 되는 부분은 멈추지 말고 읽는다. 그렇게 그냥 넘어가듯 읽는 것이 중요하다. 아무리 난해해도 계속 읽으면 곧 이해할 수 있는 부분이 나타나기 때문이다.

끝으로 독서의 제3수준은 분석하며 읽기다. 분석하며 읽는 수준은 책을 중요성에 따라 분류한다. 이 수준에서는 표지만 보아도 알 수 있는 것이 있고, 줄거리와 구상을 그릴 줄 알며, 저자의 의도를 파악할 줄 아는 단계다. 중심 문장을 찾거나, 논증과 해답을 찾고, 조리 있는 비판을 할 수 있다. 제3수준의 독서는 저자의 타당성을 판단하게 되는 높은 수준인 것이다.

제1수준이 제2수준으로, 제2수준이 제3수준으로 점증적으로 발전하는 독서의 과정을 거치며 인간도 성장한다. 이러한 과정에서 각각의 수준이 없어지는 것이 아니다. 우리 안에 남아 존재하고 있다. 독서의 효과는 얼마나 많은 노력을 하며 책을 읽느냐에 달렸다. 유아기에서 아동기로, 아동기에서 청소년기로. 어떤 능력 있는 신이 우리에게 오더라도 유아기에서 바로 어른으로 뛰어넘게 할 수는 없다. 인간은 순차적으로 성장하면서 각 단계에 맞는 경험을 쌓아간다. 경험은 직면한 문제를 효과적으로 해결하도록 만들어 준다.

부족한 환경이 앞으로 나아가는데 장애물이 된다고 여겼다. 그러나 독서하는 시간이 쌓여가면서 가난은 더 이상 장애가 되지 않는다는 것을 깨달았다. 결점은 불우하고 부족한 환경에 있지 않다. 우리가 태어난 세계는 그 자체로 완벽하다는 것을 알았을 때 소스라치게 놀랐다. 가난은 물질적 가난 이외에, 정신적 가난, 정서적 가난, 감정적 가난에 이르기까지 다양하다. 사람은 모르는 것에 두려움을 느낀다고 한다. 불행이 무엇인지 몰라서 두려웠던 시간이었다. 나만을 위한 스승에게 배운 것처럼 당신도 얼마든지 독서를 통해 배울 수 있다.

스스로 분석하고 사고한 만큼 자신의 것이 된다. 대부분의 사람은 논술하면 독서를 연관 지어 떠올린다. 밀접한 연관성을 지니고 있지만, 사람들이 정작 중요한 것을 놓치고 있다는 느낌을 지울 수가 없다. 우리 아이들은 합격하기 위해 독서를 잘 짜인 패턴에 맞춰 배운다. 입시를 위한 논술보다 그 시간에 부모가 함께 책을 읽고 이야기를 나누며 생각의 폭을 넓히는 시간이 아이의 미래를 위해 더 필요한 건 아닐까. 내가 책을 더 많이 읽지 못해 후회하는 이유는 첫째, 삶은 상상 이상으로 다채롭고 둘째, 삶의 선택지는 무궁무진하다는 것을 독서로 깨우쳤기 때문이다.

세상에 정답은 없다. 독서란 어쩌면 정처 없이 방황하면서도 끝없이 길을 찾는 과정일 것이다. 읽으면 읽을수록 책이 어려워지는 순간이 있다. 왜 정답을 알려주지 않느냐고 투정을 부려본다. 모든 지혜를 담고 있는 글이지만 '나'라는 그릇이 세상의 모든 글을 담을 수 없다는 사실을 재빠르게 인정하게 된다. 세상은 끝을 모르고 부풀어 오르는 풍선처럼 거대하게 커지고 있다. 대단하게만 보이던 책을 읽는 것도 가끔은 별것 아닌 일처럼 느껴진다. 단지 누군가의 생각을 조금 더 논리적인 형태로 표현한 것, 그뿐일지도 모르니 꼭 정답을 찾아야겠다는 의무감이나 부담을 내려놓고 다가갔으면 한다.

책은 정답을 주지 않는 대신 후회 없는 인생을 살도록 도와준다. 일부 사람들은 책을 읽는 것이 무슨 효과가 있겠냐며 반문한다. 이들이 원하는 것은 당장 눈앞에 보이는 결과이다. 한 취업 관련 설문조사에서 응답자의 2/3 가량이 독서가 취업 경쟁력을 높여 준다고 답했다. 특히, 독서 관련 질문을 통해 그 사람의 사고력의 역량을 짐작할 수 있기도 하다. 어린 시절부터 형성된 독서 습관은 평생에 걸쳐 개인의 성장과 발전에 중요한 자원이 된다. 다양한 분야의 연구를 통해 독서 부진이 성인이 되었을 때 취업난으로 인한 경제적 문제를 비롯하여 경제적, 건강상의 광범위한 사회적 문제로 이어진다고 밝혀졌다. 독서는 기본적인 어휘력 뿐만 아니라 논리적 사고와 문제 해결 능력, 더 넓게는 직무 수행 능력까지 직접적으로 연결된다.

30년 동안 일어난 변화가 지금은 3년으로 압축되고 있다. 인공지능(AI) 시대에 필요한 역량 강화를 위해 기업들은 조직개편을 지속적이면서도 발 빠르게 단행하고 있다. 기술이 우리가 사는 시대를 편리함의 척도로 정의하고 있지만 나는 그렇게 생각하지 않는다. 지식이 우리가 사는 시대를 정의한다. 지식을 처음부터 모으지 않았다면 그리고 지식을 탐구하지 않았다면 현재는 없다. 미래도 없다. 지식을 쌓아 현재의 토대를 마련하였고, 덕분에 미래를 준비하며 인간의 삶은 변해 왔다. 그러한 의미로 책은 그 자체로 존재하여야만 하는 이유가 되고 쓸모가 된다. 지식은 죽지 않고 유한한 시간을 걷고 있다.

성공한 사람들에게는 좋은 습관이 많다. 노력에는 지름길이 없지만 좋은 습관은 성공으로 가는 지름길이 된다. 최대 효과를 위해 인풋, 즉 꾸준히 읽어야 한다. 독서의 양은 상대적이지 않지만, 독서의 질은 절대적이다. 독서는 결과가 아닌 과정이다. 성공에는 반드시 과정이 있다. 다양한 분야에서 성공 비결이 넘쳐나는 세상이다. 정보의 홍수 속에서 원하는 성공이 무엇인지 정확히 아는 것이 중요하다. 남들이 말하는 것을 정답이라며 맹신해서는 안 된다. 달리기 시작하면 뒤돌아보지 말라고 이야기하지만, 자신이 어디쯤 달리고 있는지 알아야 길을 잃지 않고 원하는 목적지에 도착할 수 있다.

책은 정답이 없는 세상에서 끊임없이 도전하도록 만든다. 무한한 생각을 유한한 생각으로 끌어낼 수 있게 길을 열어주고 감추고 있던 나의 모습을 나답게 꺼내준다. "1년에 300권을 읽고 인생이 바뀌었어요." "해답을 찾기 위해 책을 닥치는 대로 읽었어요."라는 말을 접하면 책이 마치 정답을 알려주는 것 같아 안타깝다. 없는 정답을 책이 알려준다? 그랬다면 글이 처음 생겨난 이후부터 지금까지 세상은 수많은 정답 안내서로 도배되어 있어야 할 것이다.

권수는 관심을 끌 만하지만, 독서에 있어서 읽은 권수는 중요한 요소는 아니다. 그들이 진짜 말해야 하는 것은 1년 동안 읽은 꾸준함과 성실함, 해답을 찾기 위해 포기하지 않은 끈기이다. 책을 안 읽는 것보다 무턱대고 읽는 사람이 편독의 위험성이 높다. 이는 필터 없이 글을 수용하는 것과 같다. 어느 순간 마음이 더 이상 글을 여과시키지 못하고 막혀버리게 된다. 독서의 참된 가치는 얼마나 많은 책을 읽었는가에 있지 않다. 중요한 것은 삶의 답을 찾아가는 여정 그 자체다.

나는 원인과 결과의 법칙을 믿는다. 원인에 따라 결과는 달라진다. 독서하며 원인이 무엇인지, 왜 그러한 원인이 발생했는지 사고하며 스스로 결과를 만들어 간다. 삶에서 마주하는 문제들은 누구에게나 처음이다. 피해도 다시 마주하는 문제, 돌아가도 언젠가 마주할 문제이므로 도망치는 것은 현명하지 못하다. 인생에 정답은 없어도 풀 수 있는 공식은 존재한다. 읽으며 공식을 찾고 가지고 있는 문제를 대입해 보며 경험을 쌓는다.

희망과 기대는 추상적이지만, 경험은 구체적이다. 기대가 미래를 향한 막연한 바람이라면, 경험은 과거의 사건들이 현재에 이르러 직접적으로 느껴지는 실체이다. 정답 없는 인생이라는 링 위에 서 있어도 두렵지 않은 이유는 바로 내면에서 뿜어져 나오는 아우라, 즉 당당함 때문이다. 이러한 당당함은 겉모습만 보고 따라한다고 얻어지는 것이 아니다. 남에게 보여주기 위해 애쓰는 대신, 자신을 만족시키는 경험들을 쌓아가며 비로소 자연스럽게 우러나오는 것이다. 비록 많은 책을 읽지 못했다는 아쉬움이 남을지라도, 결국 우리를 단단하게 만드는 것은 책의 양이 아닌 삶 속에서 얻은 소중한 경험과 그로부터 비롯된 지혜라는 것을 안다.

4장

책을 제대로 즐기는 친밀한 독서법 7가지

## 책과 친밀해지고 싶다면 아이처럼 느껴라

그림책이나 동화책의 주요 독자는 어린아이들이다. 아이에게 동화책을 읽어주다 보면, 종종 아이보다 더 큰 감동을 받아 조용히 눈물을 훔치곤 했다. 어른의 감정은 복잡하게 얽혀 있지만, 아이의 감정은 단순하고 투명하다. 어른의 눈물은 탁하지만, 아이의 눈물은 맑고 깨끗해서 마치 그 깊은 내면까지 들여다보이는 것만 같다. 아이들은 모든 것이 작다. 하지만 아이들의 감정만큼은 어른의 그 어떤 세계보다 넓다.

어린 시절, 동화책이나 그림책을 가까이할 기회가 거의 없었다. 슬레이트 지붕 아래 살던 우리 집엔 책장은커녕 두 칸짜리 방 안에 열 식구가 부대끼며 겨우 누울 자리만 간신히 마련할 수 있었다. 곳곳에는 생활용품이 가득했고, 책은 그 어느 곳에도 존재할 자리가 없었다. 그래서였을까? 처음 도서관에 들어섰을 때의 풍경은 그야말로 신세계였다. 하지만 그 시절엔 청소년을 위한 책이 많이 부족했다. 그 자리를 고전문학이 대신했고, 나는 어른이 되어서야 비로소 어린이 동화책을 접할 수 있었다. 마치 어린이를 건너뛰고 하루 만에 어른이 된 것 같은 기분이었다.

"제목처럼 순수하고 깨끗한 책이었으며, 마지막엔 눈물로 책을 덮게 될 만큼 감동적이었다. 누군가에게 추천해 주고 싶은, 가슴에서 가슴으로 전해지는 책이다."

내가 읽었던 책의 독서 기록장에 남겨둔 문장이다. 이 책을 읽었을 때가 기억난다. 마지막 장을 덮고 나서 참 많이 울었다. 작가의 자전적 소설로 어린 시절의 순수함과 안타까운 이별이 너무나 마음 아프게 다가왔다. 20년이란 시간이 지나도, 그때의 감정은 바래지 않고 그대로 남아 있었다.

지금 다시 읽어도 '슬픔'이라는 같은 단어를 떠올릴 것이다. 하지만 이번엔 그 슬픔을 둘러싼 배경까지 함께 보게 될 것이다. 세상을 조금 더 알고 난 지금은, 그저 감정에만 머물지 않고 그 감정이 깃든 시간과 맥락을 함께 바라보게 된다. 그럼에도 불구하고, 순수한 감정은 여전히 배경보다 인물에 집중하게 만든다. 집중하지 않아도 인물이 먼저 보이고, 그 인물이 만들어가는 상황을 자연스럽게, 조심스럽게 따라가게 된다. 독서는 그 시대를 직접 살아 볼 기회를 얻는 일이기에 그들의 감정이 어느새 나의 감정이 되는 이 경험은, 어릴수록 더 깊고 진하게 마음에 새겨진다.

현재의 경험에 완전히 빠져들거나 익숙한 것들을 새로운 시선으로 바라보는 것을 잘하는 사람이 있다. 바로 '아이들'이다. 아이들은 상대방의 감정을 있는 그대로 받아들이며 순수한 공감 능력을 보여줄 때가 많다. 넘어져도 금방 털고 일어나 다시 뛰어가거나, 잠시 울더라도 곧바로 웃음을 되찾는 등 놀라운 마음 회복 탄력성을 보여준다. 나는 이 마음이 우리 어른들에게 가장 필요하다고 느낀다. 아이처럼 느끼기 위해 가끔씩 동화책을 일부러 찾아 읽는다.

저녁 식사 자리에서 아이가 웅얼거렸던 알 수 없는 말. 무슨 뜻인지 몇 번을 물어도 알아들을 수 없어 이내 잊고 지냈다. 그러다 주말 도서관에서 아이와 함께 이린이 코너를 둘러보던 중, 내 손을 이끌고 멈춰 선 책 앞에서 잊었던 기억이 되살아났다. 바로 그 알 수 없는 말이 책 제목이었다는 것을 깨달은 순간이었다. 알고 보니 아이는 학교 도서관에서 그 책을 재미있게 읽고, 그 기억으로 내게 졸알거렸던 것이다. 그날 밤, 우리는 침대 옆 작은 조명을 켜고 나란히 누워 책을 펼쳤다. 페이지를 넘기는 손짓에 맞춰 조용히 독서의 리듬을 함께했다.

그 책은 평화로운 마을에 들려온 낯선 소리, 그리고 그 소리가 사실은 오해에서 비롯된 것이었음을 유쾌하게 풀어낸 이야기였다. 책을 덮자마자 우리는 약속이라도 한 듯 서로를 바라보며 그 비밀스러운 소리를 외쳤고, 한참을 웃었다. 며칠 동안 우리는 눈이 마주칠 때마다 그 말을 비밀 암호처럼 주고받으며 즐거워했다. 아들은 자신의 감정을 숨기거나 꾸미지 않고 즉각적이고 솔직하게 표현한다. 기쁠 때는 온몸으로 기쁨을 표하고, 슬플 때는 망설임 없이 눈물을 흘리며, 화가 날 때는 분노를 표출한다. 그렇게 다양한 감정을 겪으며 자신을 사랑하는 법을 알아가게 될 것이다.

그 이후로 우리는 작가의 다른 작품들에도 관심을 갖게 되었다. 여러 책을 찾아 읽으며 작가의 세계를 탐험하듯 빠져들었고, 그렇게 또 한 권의 소중한 책을 만났다. 그 책은 숲속 동물들이 모두 피하던 호랑이와 그의 꼬리에 붙은 작은 꽃에 대한 이야기였다. 자신이 몰랐던 자신의 진짜 마음을 알아가는 과정이 무척 사랑스럽게 다가왔다. 두 이야기는 우리 모두에게 특별한 추억과 감동을 선사했다. 선입견 없이 다른 사람에게 다가가고, 상대방의 감정을 있는 그대로 받아들이며 순수한 공감 능력이 주는 힘을 함께 독서하며 알아갔다. 어쩌면,

타인에 대한 편견을 버리고 열린 마음으로 관계를 맺으며, 상대방의 감정에 진정으로 공감하기 위해 책을 읽어야 하는 것일지도 모른다.

책을 읽으며 글자가 흐릿해졌고, 어느새 눈물이 종이 위로 똑똑 떨어지는 때가 있다. 책 속 이야기가 생동하는 현실처럼 다가와 훅 내 심장을 찔러버리는 경우가 그렇다. 구멍 난 심장에서 솟구친 뜨거운 눈물은 막을 수 없었고, 그런 내가 창피하게 느껴지기도 했다. 하지만 곧, 그런 감정을 느낄 수 있다는 것이 감사했다. 어쩌면 아직도 내 안에 순수한 어린아이의 마음이 남아 있다는 뜻일 테니까 말이다. 성인이 되면서 잊거나 잃어버리기 쉬운 순수하고 본능적인 감각과 세계를 대하는 태도를 책을 읽으며 다시 경험하고 있다.

같은 책으로 마음을 공유한다는 것은, 그 어떤 매듭보다 단단하게 서로를 묶어준다. 나는 아이와 함께 동화책을 읽을 때 감성이 한층 더 풍부해지는 것을 느낀다. 마치 아이와 같은 또래가 된 것처럼, 마음이 자연스레 어린 시절로 돌아간다. 다른 책을 읽을 때보다 동화책을 소리 내어 읽을 때 감정에 더 쉽게 몰입된다. 혹시 나이를 먹으며 감성이 메말라 간다고 느껴진다면, 아이와 함께 동화책을 읽어보면 좋겠다. 기쁘면 웃고, 슬프면 울었던 생각대로 되지 않는 일에도 박수 치며 하하 호호 웃을 줄 알았던 아이가 어느덧 마법의 주문을 잃어버리고 세상과 그저 그런 타협을 하며 몸만 커버린 어른이 되었다. 그때로 돌아갈 순 없어도 그때의 감성을 찾을 수는 있다. 그것은 바로 책을 읽는 일이다. 동화책이 감정 치료사가 되어줄 것이다.

아이와 함께 읽을 때는 책의 내용보다, 그 책을 읽으며 느낀 감정을 더 많이 이야기하려고 한다. 감정을 주고받다 보면, 어느새 서로의 마음이 조금 더 가까워져 있다. 각박해지는 것은 사회만이 아니다. 마음도 함께 메말라 가고 있다. 인정이 사라지고 삭막함이 번져가는 세상엔 풀 한 포기도 자라기 힘들다. 책을 많이 읽는 사람들은 시간이 충분하여 다독하는 것이 아니다. 독서는 그런 내면의 감정에 물을 주는 일이다. 아이와 함께 읽는 동화책 한 권이, 내 마음의 가뭄을 적셔주는 빗방울이 된다.

나는 아들이 성장하는 모습에서 그동안 함께 읽었던 책의 흔적을 종종 발견하곤 한다. 아이와 함께 동화책을 읽으며 우리는 글을 마셨다. 글이 달면 쭉 들이켰고, 쓰면 꿀꺽 삼키며 단맛이든 쓴맛이든 뱉어내지 않고 온전히 흡수했다. 동화책 속에서 나는 어릴 적 할머니를 만났고, 엄마의 젖은 자리를 떠올리며 눈물을 쏟아내곤 했다. 아이 앞이라 부끄럽기도 했지만, 감정을 숨기고 싶지 않았다. 책이 꺼내준 마음을 솔직하게 느끼고 싶었고, 엄마의 눈물을 아이가 이해해 주리라 믿었다. 그 믿음은 헛되지 않았다. 아이는 오른손이 가리고 있을 때 왼손이 해야 할 역할을 아는 아이였다. 기쁜 일에는 손뼉을 치며 축하해 주고, 슬픈 일에는 조용히 등을 토닥이며 위로해 주었다. 어느새 책장을 넘기며 마음을 어루만지는 손으로 자라고 있었다. 아이들은 그렇게 부모의 무릎 위에서 사랑을 배우고 있었다.

독서는 내가 원하는 곳으로, 혹은 어디서 잠시 멈춰야 할지, 언제 환승해야 하는지, 누구의 손을 잡으면 좋을지 조심스레 귀띔해 준다. 아이들은 순수하고 꾸밈없는 하얀 도화지다. 느끼는 대로 인생을 그리고, 느끼는 대로 삶을 써 내려간다. 실수해도 괜찮다. 그 실수마저 자신만의 작품으로 채워갈 테니까. 어쩌면, 그런 아이들의 모습 속에서 우리가 배워야 할 건 바로 독서의 태도가 아닐까.

아이들은 동화 속 아름다운 이야기 앞에서 순수하게 울고 웃으며 공감한다. 오직 글이 품고 있는 진심에 반응한 결과다. 글 안에서는 무엇에도 얽매이지 않는다. 무시무시한 거인이 등장하고, 사악한 마녀가 나타나도, 어린 마음은 주인공을 믿고 응원한다. "오래오래 행복하게 잘 살았다"라는 말 한마디에 기쁨을 느낄 줄 안다. 그건 아마도 글 속 세상을 투명하게 바라본 결과일지도 모른다. 그러니 때로는 마음속의 저항도 내려놓고, 자신의 기준도 살짝 접어두고, 어린아이의 마음처럼 글의 진솔함을 순수하게 느껴보자. 그것이 책과 친밀해지는 가장 자연스럽고 효과적인 독서법이다.

한편으로, 책과 친밀하다는 것이 꼭 그것과 자주 접한다는 의미는 아니다. 나는 나와 친한 친구와 친밀하지만 자주 만남을 가지지 못하고 있다. 그렇다고 해서 그들과 마음이 소원하다고 느끼지도 않으며 만나서 어색하지도 않다. 만남의 횟수가 중요한 것이 아니라 마음의 강도가 중요하다는 것을 느낀다. 책도 만남의 횟수가 중요한 것이 아니다. 단 한 줄을 몇 시간씩 다시 읽더라도, 몇 장의 페이지를 수일 동안 손끝에서 만지작거려도 문장에 서려있는 그 마음과 이어진 강도가 중요하다.

어린아이의 순수함은 주어지는 것이지만, 어른의 순수함은 되찾아야 하는 것이기에 아이처럼 읽으며 책과 친밀해지려 노력한다. 어른이 된 우리의 마음속에는 아직 다 자라지 못한 작은 아이 하나가, 조용히 살아 숨 쉬고 있으니까.

## 기록하면 더 가까워진다

형편이 어려워 학원을 다닐 수 없었던 중학교 시절, 그런 내가 상위권을 유지할 수 있었던 비결은 무엇이었을까 생각해 보면 떠오르는 것은 하나다. 그때의 나는 선생님의 말 한마디도 놓치지 않으려 교과서 위에 글을 새기듯 빼곡히 기록했다.

중요한 문장에는 색을 달리해 밑줄을 그었고, 설명이 더해지면 여백을 아껴가며 적어 넣었다. 볼펜으로 말풍선을 만들어 작은 메모를 하고, 반드시 기억해야 할 곳엔 별표를 그려 넣었다. 수업이 끝날 무렵이면, 교과서는 이미 해설집이 되어 있었다. 시험이 가까워지면 그 책은 또다시 참고서가 되었다. 페이지마다 내가 적어놓은 문장들은 마치 종이 위에 피어난 작은 꽃처럼 보였다. 그 꽃들은 혼자 공부하던 밤이면 나를 위로했고, 다시 한번 세상을 이해하도록 격려해 주었다. 그땐 몰랐지만, 이제는 안다. 그 기록들은 단순한 필기에 그치지 않고 오래도록 기억을 붙잡아 나를 지켜주는 힘이 되었다는 것을.

책을 읽고 일주일에 3회 아웃풋 하면 기억에 남는다는 뇌과학의 법칙이 있다. 이를 근거로, 책을 읽으며 메모하고, 형광펜으로 밑줄을 긋는 독서법을 많은 사람들이 실천하고 있다. 우리 뇌는 손으로 쓴 것을 더 쉽게 믿고 기억한다고 한다. 학창 시절, 나의 형편은 넉넉하지 않았고, 학원에 다닐 수 없던 나는 오직 기록에 의지해야 했다. 기록은 공부를 잘하도록 만들어 주었고, 그것이 곧 습관이 되어 오랫동안 기억하게 도와주었다. 그 유익한 경험은 자연스럽게 독서로 이어졌고, 나는 덕분에 기록의 즐거움까지 알게 되었다.

처음엔 무턱대고 문장을 읽어 내려갔다. 그러다 점차 소설을 읽으며 주인공의 슬픔이 전염되어 마음 깊은 곳에서부터 아려오기 시작했다. 청춘 남녀의 사랑 앞에서는 눈앞이 아지랑이 피듯 아득해져 심장이 두근두근 뛰었다. 전쟁의 비극으로 아비규환인 세상을 만났을 땐, 참혹한 현실에 눈을 질끈 감아야 했다. 마음을 후벼 파고드는 이야기들이 매번 찰나의 순간처럼 스쳐 지나가기만 하는 것이 아쉬웠다.

그때 문득, 학창 시절의 기록 습관이 떠올랐다. 펜을 들고, 마음에 남은 장면과 감정을 적기 시작했다. 처음엔 짧고 간결한 메모였다. 도서명, 읽은 기간, 작가의 이름 정도를 남겼고, 곧이어 등장인물과 시대적 배경을 적고, 인물들 간의 관계도를 그렸다. 줄거리도 정리해 보았고, 나중엔 아쉬움이 남아 책의 표지를 출력해 붙이기도 했다. 지금은 또 다르다. 줄거리보다도, 등장인물보다도, 이야기를 읽으며 내가 느낀 감정을 중심으로 기록한다. 낯선 감정이든, 익숙한 감정이든 책 속 활자들이 만들어낸 영상은 내 머릿속을 파노라마처럼 스쳐 지나간다. 나는 그 장면들을 붙잡아 둔다. 그 감정들이 흘러가 버리지 않도록 글로 남긴다.

에세이나 수필을 읽을 땐, 마음에 와닿는 문장 위주로 기록한다. 역사와 관련된 책은 흐름을 정리해 두면 나중에 다시 꺼내 읽기에도 훨씬 유익하고 편리하다. 그렇게 기록한 덕분에 오랜 시간 책이 내 안에 살아 숨 쉬고 있다는 것을 느낀다. 나의 방식이 옳은 방법인지는 알 수 없지만 분명한 건, 기록이 독서에 효과적이라는 것을 몸으로 체득했다는 사실이다. 앞으로도 기록을 멈추지 않을 것이다. 나의 이런 독서법이 책을 읽고 있는 누군가에게 작은 도움이 되기를 바랄 뿐이다.

잘 읽히지 않을 때는 무작정 펜을 들고 책을 읽는다. 그러다 보면 무엇이라도 아무렇게나 끄적이게 되는데 그러한 행위, '끄적끄적'이 중요하다고 생각한다. 나는 읽으면서 노트를 곁에 두고 읽지만, 읽는 장소가 달라 그렇지 못한 경우가 있다. 그럴 때마다 눈에 보이는 것은 죄다 메모장이 된다. 포스트잇은 기본이고 연도가 지난 다이어리, 이면지, 화장지 등 읽으며 갑자기 떠오르는 의문이나 잊고 싶지 않은 주인공의 이름, 그날의 날씨, 그리고 상관없는 생각들까지 끄적거린다. 나는 이러한 행위가 창작의 행위라 여긴다. 책을 덮고서 끄적거린 메모를 읽으면 그때 든 생각과 지금의 생각이 달라 시간의 궤적을 그릴 수 있어서 좋다. 화창하게 맑은 날씨처럼 밝은 주인공이 번개를 동반한 세찬 비가 뿌리는 날씨처럼 어둡게 변한 이유를 감정의 리듬 따라 그릴 수 있게 되는 것이다.

다양한 책을 읽으며 독서 영역을 확장해 가는 노력을 기울이다 보면, 누구나 결국엔 자신만의 독서 방법을 가지게 된다. 때로는 정말 재미있게 읽은 책이라도 시간이 지나면 머릿속에 제멋대로 뒤섞여 버리곤 한다. 분명 이런 제목이었는데 다시 검색하면 엉뚱한 책이 뜨기도 하고, 가까스로 찾아내면 내가 기억하던 제목과 전혀 다른 때도 있다. 기록을 '나중에' 하겠다고 미루면, 정작 그 '나중'은 오지 않는다. 그 사이에 우리는 기억하려던 문장을 잊고, 느꼈던 감정은 희미해진다. 우리가 눈으로 읽는 모든 것은 일단 머릿속에 저장되지만, 그 기억이 오래 머물기 위해선 되도록 빠르게 정리하고 기록해야 한다. 책의 잔상이 사라지는 순간, 망각은 조용히 그 자리를 채워간다. 그래서 나는 무뎌지는 감정을 붙잡고, 흐려지는 기억을 되살리기 위해 기록한다.

　기록은 글 안에 담긴 것을 더 깊이 들여다보기 위한 나만의 연습이기도 하다. 독후감은 단순히 책의 내용을 정리하는 데서 그치지 않는다. 그것은 책과 나 사이의 대화로 주요 내용을 요약하고, 인상 깊은 문장을 적고, 나만의 생각과 느낌을 남기다 보면 그 책은 내 안에서 또 다른 의미로 살아나기 시작한다. 대부분은 책을 읽은 후에 기록을 하지만, 오히려 먼저 독서 계획을 세우고 시작하면 책을 통해 얻고자 하는 바가 더욱 선명해진다. 예를 들어, "이 책을 읽으며 전쟁을 이해하고 싶다"라는 목표를 가지고 읽기 시작한다면 독서는 단순한 정보 습득을 넘어, 깊이 있는 이해와 성찰로 이어지게 된다.

　이 밖에도 독서 기록은 독서를 지속하는 데 큰 힘이 된다. 책을 읽다 중도에 포기하는 사람들을 자주 본다. 그럴 때마다 나는 '성공의 경험'이 담긴 나의 독서 기록장을 펼쳐본다. 단순한 메모였던 그 기록이, 다시 책을 펼치게 하는 애정을 되살려 준다. 기록은 성취감을 주고, 독서에 건강한 동기를 부여한다. 독서를 기록하다 보면, 읽을 때는 미처 느끼지 못했던 비판적 생각이 불현듯 떠오르기도 한다. 그렇게 책의 내용을 단순히 수용하지 않고, 나의 경험과 지식을 바탕으로 새롭게 해석하는 과정은 자연스럽게 사고력을 길러준다.

　노력 없이 내 것이 되는 것은 없다. 만약 노력 없이 얻어지는 것이 있다면, 그것은 쉽게 잃게 된다. 기록은 어쩌면 조금은 번거로운 일일지 모른다. 하지만 그 기록이 책을 더 깊이 이해하게 해주고, 즐기게 해준다면 기꺼이 감수할 만한 최소한의 노력이지 않을까. 지금 당신이 읽고 적어 내려가는 몇 줄의 문장이 쌓여 앞으로 삶의 고비가 찾아올 때마다 조용히 꺼내 읽을 수 있는 잠언이 되어줄 것이다. 이런저런 감정에 끌려다니기 쉬운 세상 속에서, 스스로 돌아보는 시간이 필요하다. 독서가 명상이라면 기록은 그 명상을 완성하는 '수련'이다.

다산 정약용은 독서에는 세 가지가 있다고 했다. 첫째, 입으로 읽는 독서, 둘째, 눈으로 읽는 독서, 셋째, 손으로 읽는 독서다. 이 중에서 가장 중요하게 본 것은 바로 손으로 읽는 독서였다. 눈으로만 인식할 때보다 손을 함께 쓰면 또 다른 감각이 깨어나고, 두 가지 자극이 동시에 뇌를 움직이기 때문이다. 손으로 읽는 독서는 단순히 옮겨 쓰는 것을 넘어서, 읽은 내용을 자신의 것으로 만들기 위해 스스로 의미를 부여하는 과정이다.

작가 중에는 원고를 종이에 펜으로 먼저 써 내려간 다음, 컴퓨터로 타이핑을 하는 사람도 있고, 각본을 쓸 때 편리한 컴퓨터를 사용하기보다 수고스럽더라도 손으로 노트에 적는 사람도 있다고 한다. 누구보다도 자신의 작품이기에 더 잘 기억하기 위한 노력이자, 쓰면서 머릿속으로 이미지를 그려보는 하나의 몰입이라 생각한다. 그들은 먼저 자기 작품의 독자가 되고, 관객이 되어본다. 그만큼 가까이 다가가려는 진심 어린 노력이다. 가까워지려는 태도는 누가 시켜서 되는 일이 아니다. 그건 내가 원해야 가능한 일이다. 소극적이고 수동적인 독서 태도는 책이 전하려는 진심에 쉽게 닿지 못하게 만든다. 그러니 우리는 독자로서 더욱 능동적인 태도를 가질 필요가 있다.

기록의 중요성을 아무리 강조해도 지나침이 없다. 책과 마주한 모든 순간이 기록되고 있고, 그 기록은 내 안에서 차곡차곡 쌓여 새로운 나를 만들어 간다. 고요한 방 안, 그 위를 떠다니는 소리는 오직 펜이 춤추는 소리뿐이다. 기록하면 할수록 책과 가까워지고, 저자와 가까워지며, 나와 가까워지고 있었다. 이는 책과 주고받는 가장 솔직한 대화일 것이다. 펜이 종이를 스치는 소리는 고요한 공기 속에 가늘고 또렷하게 울린다.


어둡지도 않은, 그렇다고 푸르지도 않은 짙은 밤, 그 하늘을 수놓은 별처럼 우리도 지구별 어딘가에 빛나는 젊음을 수놓고 있다. 시간이 흐를수록 고개를 숙이며 쇠퇴해 가지만, 시간이 흘러도 총총히 빛나는 별은 여전히 그대로다. 우리는 변하지 않는 존재를 위대하다고 여기지만, 우주에서 바라본 우리는 변하기 때문에 위대하다. 삶을 살아내고 있기 때문에.

정처 없이 광활한 우주를 떠도는 별 보다 의지대로 시간을 살아내는 것이 우리가 가진 진짜 능력일 것이다. 그렇게 매일 꿈을 꾸듯 하루를 시작하고, 순간을 잊으며 살아간다. 그리고 기록은 잊지 않기 위해 우리가 스스로에게 건네는 작은 약속이 된다. 읽고, 느끼고, 쓰는 그 모든 시간 속에서 나는 책을 통해 나를 배우고, 기록을 통해 나를 단단하게 만든다. 그리고 그 여정의 끝에서 문득 깨닫는다. 가장 가까워지고 있었던 건, 결국 '나 자신'이었다는 사실을.

## 가끔은 눈과 귀를 닫고 읽어라

우리는 남의 말을 듣는 순간부터 내면이 흔들리기 시작한다. 반대로, 남의 말을 신경 쓰지 않을 때 마음속 깊은 곳에서부터 자유가 피어오른다. 나 역시 오랫동안 타인의 말에 흔들리는 삶을 살아왔다. 하지만 이제는 타인의 시선을 거두고, 오롯이 나에게 집중하는 시간을 만들어가고 있다. 동기부여가 되는 책을 읽으며 스스로에게 지속할 힘을 선물하고 있다.

나는 분기마다 독서 목록을 점검한다. 어느 한 장르에 치우지시 않기 위해서이기도 하고, 앞으로 어떤 방향으로 읽어갈지를 가늠하기 위해서다. 매년 130권이 넘는 책을 읽다 보니, 자연스럽게 책을 고르는 나만의 기준이 생겼다. 책을 읽고 싶을 때 가장 먼저 떠오르는 고민은 "어떤 책을 읽을까"다. 처음 독서를 시작했을 때는 권장 도서, 연령대별 추천 도서, 장르별 베스트셀러가 큰 도움이 되었다. 하지만 시간이 흐를수록 깨닫게 되었다. 세상의 베스트셀러가 곧 나에게 베스트셀러는 아니라는 사실을.

베스트셀러는 이제 막 독서를 시작하는 사람들에게 길잡이가 될 수는 있지만, 반드시 추천하지는 않는다. 그런 보편적인 추천은 독자가 살아온 환경이나 성향을 충분히 반영하지 않기 때문이다. 자신과 맞지 않는 책을 억지로 읽게 되면, 내용이 이해되지 않거나 공감하지 못한 채 시간만 흘러가기도 한다. 때로는 권장 도서가 너무 어렵게 느껴져 책에 대한 흥미를 잃어버리기도 한다.

그러나 이런 시행착오의 경험조차도 무의미하진 않았다. 오히려 그런 시간을 통해 '세상의 기준'이 아닌 '나만의 기준'이 자리 잡게 되었기 때문이다. 나는 책을 선택하는 이 기준에 '북 컬렉션'이라는 이름을 붙였다. 내가 좋아하는 작가, 선호하는 문체, 흥미를 느끼는 시대별로 구분한다. 조금 어렵지만 반드시 한 번쯤은 읽고 싶은 책, 독특한 세계관을 지닌 책 등으로 나누기도 한다. 이처럼 스스로의 기준으로 책을 분류하고 정리하는 과정은 어느 순간 책을 읽는 또 다른 즐거움이 되었다. 북 컬렉션을 채우는 일, 그것은 곧 나를 채워가는 일이다.

대다수의 사람은 작은 기쁨조차 스스로에게 주는 일을 어려워한다. 왜 그럴까. 아마도 관계 때문이 아닐까, 조심스럽게 추측해 본다. 삶의 기쁨은 대부분 사람과의 관계에서 비롯된다. 그러나 현대인은 관계 속에서 지나치게 눈치를 보며 살아간다. 나 역시 마찬가지였다. 타인의 반응을 의식하며 인간관계를 넓혀 가는 일이 두려웠다. 돌이켜보면, 넓히려 했기 때문에 더욱 두려웠던 것이다. 이제는 안다. 수많은 얕은 관계보다, 깊은 관계 하나가 더 따뜻하다는 것을. 함께 나이 들며 시간을 쌓아가는 한 사람, 그 존재는 삶을 비추는 은은한 빛이 되어준다. 그 어느 때보다도 밝고 따스하게.

인간관계에서 자유로워지는 법은 생각보다 단순하다. 다른 사람의 감정을 너무 심각하게 받아들이지 않는 것이다. 모든 사람에게 사랑받는 건 애초에 불가능하다는 사실을 받아들이는 데 오랜 시간이 걸렸다. 다른 사람이 나를 인정하지 않아도, 내가 나를 인정할 수 있어야 한다. 타인의 시선을 지나치게 의식하며 살아가는 사람은 쉽게 지치고, 결국 외로워진다. 인간에게 관계는 중요하지만, 절대적인 건 아니다. 우리는 스스로에게 더 관대해질 필요가 있다. 타인의 시선이 나를 옭아매어선 안 된다. 때로는 과감히 눈치 보지 않고, 어떤 말을 흘려들을 필요성이 있다. 소문은 휘발되고, 시선은 통과한다. 예전의 나는 세상의 눈을 따라 걷다, 자주 후회하곤 했다. 하지만 책을 읽으며 몰입하자 조금씩 달라졌다. 그 시간만큼은 '잘하고 있다'는 확신이 들었다. 세상이 아닌, 책과 나만 존재하는 고요한 순간. 그곳에서 나는 나를 지켜냈다.

독서를 꾸준히 하다 보니 주변에서 자주 이런 질문을 받는다. "어떤 책을 읽으면 좋을까?" 사실, 이만큼 어려운 질문도 없다. 경험해보니 알겠다. 타인의 추천보다 더 좋은 건, 어색하더라도 책과 직접 마주해보는 것이라는 사실을. 물론 시간이 부족할 땐 누군가의 추천이 유익할 수도 있다. 하지만 책과 오래 함께하고 싶다면, 직접 체득하는 과정이 반드시 필요하다. 사람은 누구나 자기 안에 또 다른 '나'를 품고 있다. 누군가의 발자국만 따라가서는 그 내면의 '다른 나'를 만나기 어렵다. 책도 마찬가지다.

어떤 책을 읽을까 고민하는 마음을 충분히 이해한다. 나 역시 그랬으니까. 추천받아 읽은 책이 인생의 책이 되기도 하고, 책과 가까워지는 계기가 되기도 한다. 운명은 어느 날 우연이 끼어들어 만들어진 인연이라고 하지 않던가. 자신이 좋아하는 책을 만나는 일은 결코 쉬운 일이 아니다. 하지만 읽은 책이 쌓일수록, 다양한 책을 접할수록 한쪽으로 치우쳤던 편향은 서서히 균형을 찾아간다. 결국 '읽고 싶은 책을 찾는 일' 자체가 독서의 여정이자, 가장 중요한 과정이 된다.

독서하기로 마음먹었다면 책을 고르는 즐거움을 타인에게 양도하지 말아야 한다. 누군가가 권해주는 책보다, 내가 시간을 들여 직접 고른 책에서 훨씬 더 진한 유대감이 생긴다. 책은 머리로 기억하는 것이 아니라 마음으로 기억된다. 그 마음을 타인의 시선에 내어주지 말자. 똑같은 책을 읽더라도 남들이 보지 못한 문장을 발견하고, 그 문장이 내게 말을 걸어올 때, 그 순간이야말로 독서가 선물해 주는 가장 아름다운 기쁨일 것이다.

독서는 때론 외롭고 고독한 행위이다. 외로운 이유는, 남들이 머물지 않는 시간에 홀로 머물러야 하기 때문이고, 고독한 이유는, 남들이 가지 않는 길을 묵묵히 걸어야 하기 때문이다. 하지만 그 외로움 속에서 나를 만나고, 그 고독 속에서 내 안의 목소리를 듣게 된다. 독서는 남들과 같아지기 위한 길이 아니다. 남들과는 다른, 오직 하나뿐인 나로 살아가기 위한 길이다.

시간이 부족할 땐 인터넷 서점을 활용한다. 나는 먼저 시선이 닿는 책을 고른다. 책 소개를 읽고, 목차를 가볍게 훑어본다. 이때 호기심이 싹트면, 몇몇 서평을 검색해 확인해 본다. 그럼에도 궁금함이 사라지지 않는 책은 장바구니에 담아둔다. 책도 결국 '끌림'에서 시작된다. 머리가 아닌 마음이 반응하는 책을 찾는 것이다. 도서관을 이용할 때는 책장 앞에 한참을 서 있다. 도서 목록을 눈으로 따라가며 흘러보듯 스친다. 그러다 시선이 머무는 책을 몇 권 꺼내어 탑처럼 쌓아본다. 목차와 표지를 읽고, 그중 두세 권만 남을 때까지 천천히 걸러낸다. 그리고 남은 책들의 첫 20페이지를 조심스레 읽는다. 그러면 알게 된다. 누가 내게 말을 거는지. 속삭이듯 다가오는 한 문장을 향해 조용히 손 내밀어 그 책을 데려온다.

사람들은 책을 읽고 있으면서도 타인의 시선을 의식한다. 눈과 귀를 닫지 못한 채, 쏟아지는 정보와 비교 속에서 지쳐간다. 혼자 있는 순간조차 완전히 나에게 속하지 않는 현대사회, 그 안에서 마음은 점점 더 조용한 곳을 갈망하고 있다. 스트레스는 이제 현대인 모두가 안고 살아가는 보편적인 그림자가 되었다. 바쁜 일상, 끊임없는 선택, 사소한 감정의 격랑 속에서 우리는 쉽게 무너지곤 한다. 그래서 요즘 사람들은 명상처럼 조용한 몰입을 통해 마음의 숨구멍을 찾고자 한다. 그와 닮은 길이 바로 독서다. 책을 읽는 일은 외부와의 연결을 잠시 끊고, 나의 내면과 조용히 만나는 일이다.

무심히 넘기는 책장, 활자 위에 고요히 머무는 시선. 그 모든 행위는 현실의 소음을 잠시 멈추게 하고, 마음속에 잔잔한 호수를 만들어 낸다. 인간은 단 6분의 독서만으로도 스트레스 수치가 감소한다. 책의 종류는 중요하지 않다. 그보다 더 중요한 건, 책 속에 스스로를 잠시 맡기는 일이다. 작가가 만들어 놓은 상상의 세계에 빠져드는 순간, 우리는 현실에서 벗어나고 싶은 마음을 자연스럽게 달래게 된다. 그 몰입이 일상의 긴장과 걱정을 누그러뜨린다. 책을 읽는다는 건 단순히 지식을 쌓는 행위가 아니다. 그건 마음을 다독이는 일이다. 나를 회복시키는 조용한 명상이고, 혼자만의 방식으로 세상과 잠시 멀어지는 순간이다. 독서는 머리를 위한 일이기도 하지만, 무엇보다도 마음을 위한 일이다.

 모든 것이 너무 빠르고 정신없고 복잡하고 시끄럽다. 우리는 이러한 일상의 모든 것들로부터 스트레스를 받는다. 고요하고 안정적인 상태는 갈수록 드물어진다. 행복은 어느 날 하늘에서 뚝 떨어지는 것이 아니다. 자기 안의 문제가 해결되었을 때, 고요하고 안정적인 상태가 지속될 때 행복을 느낄 수 있다. 그것은 모든 관계에서 사이가 좋을 때 얻어지는 상태이다. 내 안의 문제 해결과 관계의 지속을 위해 독서로 그 길을 찾고자 했다.

 버스를 이용하여 출퇴근할 때 책을 읽다 정거장을 지나치는 일은 수없이 많았다. 그 순간들은 내게 소중한 기억으로 남아 있다. 책의 마지막 페이지가 가까워질 때면 심장을 조여 오는 쫄깃한 긴장을 즐겼다. 다음에 이어질 내용을 상상하며 하루빨리 후속편이 나오길 기다리던 설렘도 함께였다. 책 속에 빠져드는 그 몰입의 순간은, 마치 삶의 봄날에 꽃이 활짝 피는 것처럼 가슴 깊은 곳에 맑고 청명한 울림을 전해주었다.

 책은 언제나 나의 가장 든든한 지지자가 되어 '내가 옳다'는 확신을 심어주었고, 혼자라는 외로움과 내 생각에 공감해 줄 사람이 없을 때조차 마음을 정화하는 힘이 되어주었다. 그럴 때마다 나는 독서의 이유를 떠올린다. 고요한 마음으로 내면의 질문을 던지면, 글 속에서 그 답이 청아하게 울려 퍼져 돌아온다. 조용히 기다리면, 익숙한 목소리가 다정히 말을 건넨다. "네 길을 잘 가고 있어."

세상의 소음을 잠시 멈추고 눈을 감으며, 맑은 마음의 눈으로 세상을 바라본다. 귓가를 닫아 외부의 번잡함을 막고, 고요한 생각의 속삭임에 귀를 기울인다. 그 순간, 내 마음은 가장 또렷하게 깨어나 눈을 감아도 바라볼 수 있고, 귀를 닫아도 목소리를 들을 수 있게 된다. 이처럼 우리는 때로 외부의 시선과 소음을 내려놓아야만 진정한 나 자신과 마주할 수 있다. 독서는 바로 그 길 위에서 조용히 나를 인도하는 빛과 같다.

## 관점을 바꾸면 수수께끼가 풀린다

추위가 기승을 부릴수록, 가족과 함께하는 명절이 가까워질수록 마음을 후벼 파는 기사들이 눈에 띈다. 고령 인구의 고독사는 이제 우리 사회의 고질적인 문제로 자리 잡았지만, 더 이상 노인들만의 문제는 아닌 듯하다. 아무도 곁에 없는 상태에서 홀로 맞는 죽음, 그것은 누구의 책임일까? 온전히 한 사람만의 문제일까? 사회는 한 사람의 생을 '고독사'라는 단어로 가볍게 정리하려 한다. 그러나 우리는 죽음이라는 결과보다 그 과정과 주변을 더 깊이 바라보아야 하지 않을까. 고독사를 바라보는 시각을 바꾸지 않는 한, 우리 사회의 외로움은 너욱 깊어질 것이다. 외로움은 결코 무뎌지지 않는다. 그래서 우리는 함께 노력해야 한다.

책을 통해 사람이 사물이나 현상을 관찰 할 때, 그 사람이 보고 생각하는 태도나 판단, 입장이 얼마나 중요한지 깨닫게 되었다. 그러한 것을 통틀어 관점이라고 한다. 한 사람이 지니는 관점은 그 사람의 인생관이 되기에 무척 중요하다. 내가 읽은 어느 소설에서는 뛰어난 그림의 소질을 가졌음에도 불구하고 일부 부정적인 말 한마디에 사로잡혀 삶을 포기해버린 여성이 있었다. 그 여성을 떠올리며 말 한마디가 지닌 엄청난 힘과 그 말을 듣고 해석하는 관점이 얼마나 중요한지 복기하게 된다. 어떤 말이나 상황을 마주했을 때, 그것을 어떻게 받아들이고 해석하느냐에 따라 우리 삶의 방향은 달라질 수 있다.

세상은 깊이에 관해 물으려 하지 않는다. 그건 개인의 책임처럼 여겨지고, 때로는 감정의 사치처럼 취급된다. 하지만 관점을 바꾸면, 보이지 않던 진실이 보이기 시작한다. 책을 읽으며 인간의 광기는 어디까지 허용될 수 있는지, 악취와 향기는 어떻게 구분되는지, 무엇이 선이고 무엇이 악인지, 읽는 내내 고심하기도 한다. 나는 그런 질문들 속에서 삶의 방향을 찾아간다. 향기와 악취는 단순한 후각의 문제가 아니라, 인간의 본성과 윤리를 묻는 상징이 되기도 한다.

현실이 아닌 문장 속에 살아가는 수많은 주인공들은 다양한 모습으로 우리에게 다가온다. 처음에는 그 모습이 기이하게 보이기도 하지만, 가만히 들여다보면 변하지 않아야 하는 본질을 말하고 있을 뿐이라는 걸 알게 된다. 인생을 살아가며 무엇을 바라보아야 하는지 질문하며 그 질문에 대한 답을 찾을 때 그것은 곧 원칙이고, 지키고 싶은 소중한 삶의 가치가 될 것이다.

행복과 불행은 동전의 양면이라지만, 내 앞에서는 늘 불행의 얼굴만 드러나는 듯했다. 나는 그 이유를 오래도록 세상 탓으로 돌렸다. 하지만 풀리지 않던 수수께끼의 해답은 관점을 바꾸지 않았던 내 안에 있었다. 행복과 불행은 오래 머물지 않는다. 그들은 스쳐 지나가는 한순간의 감정일 뿐이다. 인생에서 행복이라는 페이지는 읽지 않아도 쉽게 넘겨지지만, 시련과 불행의 페이지는 직면하지 않으면 결코 넘어가지 않는다.

불행은 늘 익숙한 말투로 다가온다. 아무 일도 아니라는 듯, 보통의 언어로 둔갑해 마음을 무장해제시키고 들어온다. 그래서 더욱 지혜로운 시선이 필요하다. 바로 눈앞에 보이는 곳만 보려 고집하지 말고, 옆도 보고, 뒤도 보며, 마음의 각도를 조정해야 한다. 독서는 바로 그 시선의 각도를 넓혀주었다. 앞만 보던 내게 편협한 확신을 내려놓는 법을 가르쳐 주었고, 타인의 마음에 다가서는 길을 알려주었다. 책을 읽으며 알게 되었다. 세상을 이해한다는 건, 내가 틀릴 수 있다는 가능성을 품는 일이라는 것을.

세상은 혼자 살아가는 곳이 아니다. 누군가에게서 이해받는다는 느낌, 내 감정에 "나도 그래"라고 말해줄 때, 그때 진짜 함께 있다는 감정을 느낀다. 공감은 결국 존중으로 이어지며, 공감이 깊어질수록 우리의 삶은 풍요로워지고, 일상의 작은 행복도 더 잘 느낄 수 있으며, 감사하는 마음 역시 한층 더 섬세해진다. 하지만 반대로 가까운 사람에게 이해받지 못하고 공감받지 못할 때, 그곳에는 어김없이 오해가 생겨난다. 오해는 쉽게 풀리지 않는 수수께끼가 되어 풀면 풀수록 더 이상하게 얽혀만 간다.

상황에 따라 너무 쉽게 자신의 말을 뒤집는 사람, 일관성 없는 태도로 자신을 방어하기에 급급한 사람들 앞에서 마음이 다칠 때도 있었다. 그럴 때 나는 내 안에서 조용히 질문을 꺼냈다. "왜 그럴까?" 이러한 질문은 관점을 변화시키는 출발점이다. 비난이 아닌 질문으로 바라보면, 상대의 말과 행동 너머에 있는 어떤 사정을 조금이나마 이해할 수 있게 된다. 책을 읽는다는 건 바로 그런 마음의 훈련이다. 독자는 무거운 마음으로 읽되, 열린 관점으로 읽어야 한다. 우리는 살아가며 누군가의 평론가가 되기도 하고, 때로는 평론에 휘청이는 누군가가 되기도 한다. 삶을 바꾸기 위해선 결국 '읽는 일'부터 시작되어야 한다. 쉽지 않더라도 질문하고 읽으면, 삶 또한 조금씩 풀리기 시작할 것이다.

시작은 바다를 보러 가고 싶었다. 왜 하필 동해, 그리고 정동진이었는지 기억나진 않는다. 막연히 떠오르는 모습은 친구와 일출을 기다리고 있었고 여름이 깔딱하고 넘어가는 시기에 가을의 얼굴을 보았다는 것이다. 지방에서 서울로 향하는 버스는 밤을 달려 도착했고, 서울에서 정동진으로 가는 기차를 타고 새벽을 질주했다. 낮과 밤의 어중간한 경계에 잘못 내린 사람처럼 시공간을 분간할 수 없는 상태에 놓였다.

지금처럼 기술이 발달하지 못해 무작정 기다리는 것 말고는 할 수 있는 게 없자 자연스럽게 밤하늘의 인기척을 쫓아 고개를 들었다. 파도가 부서지는 소리에 별들이 노래했다. 구름에 가려진 달빛을 보지 못해 서운해하는 바다를 위로해 주는 듯. 그 틈에 적적한 마음이 잠시 껴들어 어깨를 들썩였다. 차가운 동해의 바닷물이 발끝을 간지럽히자 멀리서 기다리던 손님이 다가오고 있었다. 그렇게 밤이 지고 아침이 찾아왔다.

아이와 함께한 아침, 이곳 정동진에서 그때의 나를 만나고 왔다. 내게는 시간만 바뀐 것이 아니라 그동안 세상을 바라보는 관점이 바뀌었다. 그 당시 나는 내가 싫었다. 그래서인지 새로운 추억을 쌓고 있는 지금도 물론 중요하지만 지난 시간 이곳에 왔던 나를 찾아가 말해 주고 싶었다. 그 시절의 넌 정말 예뻤다고. 별을 헤는 대신 그들의 노래를 들었고 누군가가 애타게 기다렸을 아침을 찾아갔다. 삶에서 청춘이 지는 순간을 아쉬워하는 사람들이 있다. 꽃은 시들기에 피어있는 순간이 고귀하고, 하루는 저물기에 다시 시작되는 아침이 기대되는 것이다. 그동안 지는 것, 끝나는 것에만 마음을 주었던 내게 책은 읽는 동안 문장들이 마음 안에 피어나 향기로 물들여주고 있었다. 보이는 것에서 진정으로 읽는 사람이 되어 삶의 모든 순간을 애정하고 있다.

결국, 삶의 방향은 어떤 관점을 선택하느냐에 따라 그 흐름이 바뀐다. 모두가 옳다고 말할 때, 이 길이 유일하다고 말할 때, 그렇지 않을 수도 있다는 가능성에 손을 내밀 수 있어야 한다. 때로는 그 용기가 전혀 상상하지 못했던 새로운 미래로 이끌어 준다. 책 속의 문장은 누군가의 체험이 녹아든 응축된 시간이다. 독자는 그 시간을 읽고 해석하여 다시 살아내는 사람이다. 그러니, 때로는 불필요한 생각이 끼어들지 않게 눈과 귀를 닫고 책 한 권에 마음을 온전히 기울여보자. 문장 사이의 여백 속에 숨어 있는 작가의 열정과 숨결이 창조해 낸 하나의 세계를 느낄 때, 보이는 것이 전부가 아님을 알게 된다.

아이와 블록 놀이를 하다 보면 문득 이런 생각이 들 때가 있다. 높이 쌓인 블록이 무너질까 조심스럽게 하나씩 쌓아 올리는 나와 달리, 아이는 쌓는 즐거움만큼 무너트리는 재미에 흠뻑 빠져 있었다. 하루는 아이에게 물었다. 무너트릴 거면서 왜 블록을 쌓는 거냐고. 그럴 거면 조립하는 게 낫지 않느냐고. 그러자 아이는 내게 말했다. 다시 쌓기 위해서라고. 무너지는 건 한순간이지만 쌓는 건 오래 걸리지 않느냐고. 그 말에 머리를 한 대 맞은 듯한 깨달음이 찾아왔다. 예전에는 마치 블록을 무너트릴까 봐 걱정하는 것처럼, 책을 읽고 나면 뭔가 대단한 지식이나 교훈을 얻어야 한다는 강박에 사로잡혀 있었다.

  책을 읽는 과정은 블록을 쌓는 것과 닮아 있다. 수많은 작가들이 쌓아 올린 견고한 생각의 탑을 무너트리지 않고 고스란히 받아들이기만 하는 것이 아니라, 내 머릿속의 생각들과 부딪히고 충돌시키며 과감하게 무너트리는 과정도 필요하다. 물론, 쌓는 것보다 무너트리는 것은 훨씬 빠르다. 하지만 그 무너짐의 경험을 통해 우리는 무엇이 견고하고 무엇이 그렇지 않은지 깨닫게 된다. 넘어져 본 사람만이 일어나는 법을 배우듯, 이미 쌓여 있는 생각의 탑을 허물어 보는 경험을 통해 우리는 비로소 우리만의 새로운 생각의 탑을 다시 쌓을 수 있다. 매일 꾸준히 내 안의 고정관념이라는 블록을 과감히 무너트린다. 지켜만 보면서 지식이 늘어나거나 현명해지길 바라는 건 바보 같은 짓이니까.

  한때 생각했다. '내가 책을 쓸 자격이 있을까?', '지금 시작하기엔 너무 늦은 건 아닐까?'. 하지만 고민은 결국 나를 '걱정하는 사람'에서 '도전하는 사람'으로 바꾸어 놓았다. 관점을 바꾸지 못했다면, 나는 아직도 시작조차 하지 못했을 것이다. 이제는 확실히 안다. 읽는다는 것은 단순한 입력이 아니라 내 안의 의식을 다시 쓰는 일이라는 것을.

내가 읽은 문장은 눈을 지나 머리를 거쳐 마음에 도착했다. 독서는 결국, 버릴 것을 버리고 남길 것을 남기게 만든다. 그렇게 나를 덜어내는 사이, 나는 나답게 채워지고 있었다. 정말이지, 인생은 짧고 읽어야 할 책은 많다.

## 나의 언어로 번역하며 읽어라

마음에도 번역이 필요한 순간이 있다.

내 마음인데도 내 마음의 대변인이 되지 못할 때, 더없이 작아지는 기분이 든다. 특히 누군가를 사랑할 때, 세상의 모든 언어로도 설명할 수 없는 감정과 표현할 수 없는 순간들이 있다는 것을 실감하게 된다. 사랑은 분명 같은 마음에서 시작되지만, 서로 다른 방식으로 해석되고 전달된다. 나는 그걸 연애를 통해 절실히 배웠다. 사랑하는 사람과 함께 있어도 외로운 순간이 있었다. 불현듯 찾아온 감정의 빈틈 앞에서, 내가 느끼는 감정을 어떻게든 설명하고 싶었지만, 적당한 말이 떠오르지 않아 입을 다문 적이 많았다.

내게 사랑이라 말했던 남자는 감정 표현이 서툴렀고, 항상 자신의 일정에 내가 맞추길 바랐다. 그걸 꼭 말로 해야 아느냐는 그의 말 앞에 나는 자꾸만 작아졌다. 단점이 더 많았지만, 처음 만났을 때의 기억 하나로 모든 것을 덮었다. 그가 예전으로 돌아올 거라 믿고 싶었던 것이다. 어느 날, 오랜만에 걸려 온 전화는 반가웠지만, 그는 나의 그리움을 알아주기보다 급히 돈을 빌려야 한다는 말을 먼저 꺼냈다. 그 순간 깨달았다. 이미 그의 언어 속에서 나는 사라지고 있었음을.

사랑이 끝나가는 징후는 언제나 말보다 마음이 먼저 알아챘다. 나는 그 사람이 여전히 사랑을 시작하던 그 사람이라고 믿고 싶었지만, 그건 내 안의 번역 오류였다. 사랑은 '같은 마음'이 아니라, '다른 방식'에서 갈등을 낳는다. 남녀관계의 바이블로 불리며 전 세계적으로 선풍적인 인기를 끌었던 연애 및 인간관계 심리 서적을 읽으면서 그 갈등을 이해하는 데 많은 도움이 되었다. 남자들은 별을 보고 사랑이라 말하고, 여자들은 그 별을 안아봐야 사랑이라 말한다. 남자에게는 표현하지 않아도 그것이 사랑으로 통용되지만, 여자에게는 표현해야지만 사랑이 확인되는 것이다.

사랑은 같아도, 사랑하는 사람이 다르면 사랑의 언어도 달라진다. 그래서 번역이 필요하다. 사랑의 언어뿐만 아니라, 우리는 관계 속에서 끊임없이 '번역'하며 살아간다. 관계가 틀어지고 상처가 깊어지는 것은 대부분 상대방을 내 방식대로 해석하거나 바꾸려 할 때 벌어진다. 관계에 부침이 생길 때, 상대의 행위를 억지로 바꾸기보다는, 그 사람의 행동을 나만의 언어로 '번역'해 수용할 수 있다면 오히려 관계는 깊어진다. 이 깨달음은 독서를 통해 얻게 된 것이다. 책을 읽는다는 건 단순히 활자를 눈으로 따라가는 일이 아니다. 작가의 언어를 나의 언어로 번역하며 읽는 것, 그것이 진짜 독서다.

고전문학도 마찬가지다. 고전이 낯설고 어렵게 느껴질 때가 있지만, 그 문장을 나의 감정과 언어로 천천히 풀어낼 때, 비로소 그 안에 숨겨진 세계가 열린다. 번역은 단지 언어의 전환이 아니라, 나와 세계 사이의 다리를 놓는 일이다.

독서를 좋아하지만, 지금도 외국 문학이나 고전 문학은 종종 낯설고 어렵게 느껴질 때가 있다. 장르를 가리지 않고 읽으려 노력하지만, 고전 앞에서는 여전히 페이지가 더디게 넘어간다. 그렇다고 해서 포기하고 싶지는 않다. 어려운 독서일수록 나를 더 깊이 만나게 해주기 때문이다. 괴테는 "고대 작품이 칭송받는 이유는 건강하고 단단하기 때문"이라 말했다. 고전은 시대를 초월한 힘을 지녔다. 다만, 그 힘은 스스로의 언어로 번역해 낼 때 비로소 내 것이 된다. 책을 나만의 언어로 해석하는 순간, 독서는 단순한 정보 습득을 넘어 깊은 감정의 교류가 된다. 텍스트에 몰입해 감정과 정서를 읽어내는 과정은 참 유쾌하다.

고전을 쉽게 읽는 유일한 방법은 많이 읽고, 깊이 사유하며, 천천히 빠져드는 것이다. 이것은 가장 단순하면서, 동시에 가장 정직한 독서법이다. 고전은 해석이 아니라 숨겨둔 감정을 읽는 작업이다. 때문에 읽을 때는 더 세심하게, 더 조심스럽게 다가가야 한다. 우리가 읽는 고전은 대부분 각 나라의 정서에 맞게 번역된 언어다. 그 번역 역시 두 갈래로 나뉜다. 하나는 현대인의 감각에 맞춰 쉽게 풀어쓴 번역, 또 하나는 원작의 분위기와 표현을 고스란히 살린 번역이다. 전자는 접근이 쉽지만 깊이가 아쉬울 수 있고, 후자는 어렵지만 작품의 본질에 더 가까이 닿을 수 있다. 결국 어떤 번역을 택하든, 진짜 중요한 건 그 언어를 나만의 감각으로 다시 번역해 내는 일이다.

고전은 우리가 직접 경험하지 못한 시대의 기록이자, 세월이 남긴 예술의 결정체라고 생각한다. 간혹 고전을 읽을 때, 다른 사람의 해석을 그대로 받아들이는 경우가 있다. 작품을 빨리 이해하고 싶은 마음에서 비롯된 것이겠지만, 정작 작가는 독자 자신만의 언어로 작품을 받아들이기를 원한다. 조금 미숙하더라도, 자신만의 시선과 느낌으로 천천히 수용하고 사유하는 시간이 필요하다. 그 첫걸음은 작가를 이해하는 일이다. 그가 어떤 시대에 살았는지, 어떤 계급과 종교, 사상을 가졌는지, 가정 환경은 어땠는지를 알아보는 것만으로도 고전을 훨씬 더 생생하게 받아들일 수 있다.

문학 소설 읽기가 타인의 마음을 이해하는 공감 능력에 긍정적인 영향을 미친다는 점은 오랜 연구 끝에 밝혀낸 진실이다. 왜 그럴까 생각해 보면 어렵지 않게 그 이유를 찾을 수 있다. 타 장르와는 다르게 문학 소설은 이야기에 몰입하여 천천히 곱씹으며 느리게 읽기를 유도한다. 작품을 이해를 돕기 위해 서두에 다수의 시간을 할애하기도 한다. 다음으로 복잡한 인물들을 제시하는 것은 물론 이들의 심리적 상태와 갈등을 심층적으로 묘사한다. 또, 열린 결말이나 인물의 의도가 모호하게 묘사되어 독자의 삶과 다른 다양한 가치관을 가진 인물들의 시점에서 세상을 바라볼 기회를 제공해 준다.

  위와 비슷한 경험을 했을 당시에는 몰랐지만 지금은 문학 소설을 많이 읽은 덕분에 가능했던 것임을 뒤늦게 깨달았다. 시험을 치르면 국어 과목은 항상 상위권에 자리했다. 내가 시간을 투자해야 하는 과목은 수학이었기에 국어 과목에 특별히 신경 쓰지 못했다. 더구나 어떻게 공부해야 할지 방향을 알지 못했다. 하지만 시험지를 보고 예문과 지문을 읽어나가면 자연스레 예문에서 강조하는 것이 상황인지, 인물인지 그도 아니면 감정인지 한눈에 파악되었고 지문이 무엇을 가리키는지 알 수 있었다. 그때는 테스트에 통과하기 위해 유익했다면 지금은 인물의 경험을 간접적으로 체험하며 그 상황에 공감하고 있는 자신을 발견하게 된다. 그래서 웃고, 울고, 때론 분노를 느끼며 누구보다 솔직하게 그 시간을 즐기고 있다.

독자는 조금의 노력을 기울이기만 해도 충분히 번역가가 될 수 있다. 고전이나 어려운 책을 읽을 때 나는 작가의 연혁이나 출판사 해설을 먼저 살펴본다. 한 번 읽고 완전히 이해하기란 불가능하다. 하지만 그 과정은 작품에 가까이 다가가기 위한 나만의 노력이다. 고전이 어렵게 느껴진다면, 먼저 작품을 현대적으로 재해석한 인문학 책을 읽어보는 것도 좋다. 작품과 작가 소개는 물론 친절한 해설이 담겨 있어 처음 접근하는 데 유용하다. 읽다가 인용된 문장이 인상 깊다면 그 책을 메모해 두자. 단, 그 메모는 너무 늦지 않게 실천에 옮겨야 한다. 시간이 지날수록 호기심은 자연스럽게 식고, 그 책은 다시 낯선 책이 되어버리기 때문이다.

작가는 평생을 걸쳐 삶의 중요한 질문들에 대해 고민하며 글을 쓴다. 삶의 사소한 문제에서부터 깊이 있는 철학적 주제까지, 그는 그것을 사색하고 고뇌하며 단어 하나하나에 응축시킨다. 독자가 그 깊이를 단숨에 이해하지 못하는 건 너무나 당연한 일이다. 그렇기에 책을 읽는 시간은 신비롭다. 작가가 만든 세계의 경계를 넘나들며, 내가 만든 한계를 깨는 시간. 때로는 설명할 수 없는 감정들이 밀려온다. 나는 비록 이곳에 앉아 있지만, 책 속에서만큼은 전혀 다른 시공간을 체험하게 된다.

글은 우리의 언어이자 사고의 틀이다. 그 틀 안에서 우리는 논리적으로 생각하고, 감정을 섬세하게 다루며, 단어가 품은 세계를 조금씩 이해해 간다. 어두운 밤하늘의 별과 달처럼, 글은 때로 어둠 속에서 우리를 인도하며 빛난다. 사람의 몸에는 읽고 경험한 것들이 새겨진다. 그래서 책을 대하는 태도는 곧 나를 대하는 태도이기도 하다. 내가 읽는 언어는 나의 생각의 옷이 되고, 같은 생각도 어떻게 번역하느냐에 따라 전혀 다른 옷이 된다.

 책을 읽는다는 건 결국 작가의 세계에 들어가는 일이다. 그러므로 독자는 자신과 어울리는 작가를 찾아야 한다. 작가마다 고유한 문체와 세계관을 지니고 있기에 그와의 궁합이 맞지 않으면 작품 속으로 깊이 들어가기 어렵다. 도스토옙스키는 등장인물의 내면을 거침없이 폭로하고, 톨스토이는 차분하고 세밀한 묘사로 인물을 그려낸다. 어떤 문장이 더 마음에 와닿는지, 어떤 표현이 더 익숙한지를 살피다 보면 자연스레 나와 맞는 작가를 발견하게 된다. 작가를 알아가는 일은 결국 나를 알아가는 일이다. 책을 읽는다는 것은 단지 문장을 따라가는 것이 아니라, 한 사람의 언어로 세계를 다시 번역해 보는 경험이기 때문이다.

 과거 많은 작가가 자신의 본명을 감추고서 작가 활동을 하였다. 또, 글이 좋아도 출판사로부터 거절당하기 일쑤였다. 사회적 제약, 신분의 제약, 성별의 제약, 종교적 제약까지 여러 가지 견제의 장치들 속에서 빚어낸 글은 유일한 희망이 될 수밖에 없었다. 그러한 이유로 글을 지금까지 권력의 부패와 억압을 경계하는 수단이 되기도 한다. 이처럼 글이 가지는 성격과 내포하고 있는 배경을 알고 읽는다면, 작품의 숨은 의도를 더 깊이 이해할 수 있다.

우리는 소설에 등장하는 주인공의 목소리가 진실이라 믿지만, 주인공의 목소리를 빌려 말하는 작가의 진실에 귀 기울여야 한다. 그리고 그 진실을 들을 줄 아는 사람이 책을 제대로 즐기며 읽는다. 이를 위해서 반드시 자신만의 언어로 번역하며 읽는 태도가 필요하다. 그때 비로소 책 속 문장 하나하나가, 당신만을 위해 시간을 달려와 줄 것이다.

## 10분, 300분, 3,600분의 마법

아들이 초등학교에 입학하자 독서 마라톤 참여를 권장 받았다. (현재는 '독서로'라는 이름으로 운영된다.) 책을 읽고 도서 제목과 저자, 출판사, 짧은 독후감을 기록하면, 읽은 페이지만큼 동물들이 달린 거리가 누적되는 형식이다. 거북이부터 시작해 악어, 토끼, 타조, 사자, 호랑이를 거쳐 마지막엔 월계관을 받는다. 읽은 페이지가 늘어날수록 아들의 동물은 거북이에서 토끼로, 타조로 바뀌었고, 그 변화만큼 아들의 책장도 점점 두꺼워졌다. 페이지 수가 아닌 마음의 크기가 넓어지는 경험이었다. 읽는 만큼 아들의 독서 세계가 확장되고 있다는 걸 실감할 수 있었다.

독서 마라톤에 필요한 시간은 하루 10분 남짓. 아이의 독서 시간도 고작 10분이다. 아이들이 어릴수록 집중력이 짧다고들 하지만, 8살 아이에게 하루 20분을 한자리에 앉혀두는 건 결코 쉬운 일이 아니다. 하지만 10분씩 나누어 활용하니, 그 시간은 충분히 가능한 일이었다. 무엇보다 좋았던 건, 아이와 함께 책을 읽으며 건강한 애착을 형성해 나갈 수 있다는 점이었다. 책을 덮고 독서 기록을 어떻게 쓸지 대화를 나누는 시간은 우리 모자에게 소중한 추억이 되었고, 그 속에서 우리는 더 단단한 유대감을 쌓아갈 수 있었다.

시간을 함께 보내는 동안 아이의 눈으로 세상을 바라보았고, 글로 쌓은 창의성과 새롭게 피어난 감정들을 들여다볼 수 있었다. 나는 그 모든 것을 존중하고, 이해하고, 사랑으로 포용하는 법을 배웠다. 책은 단지 누군가에게 읽혔을 뿐인데, 그 안에서 피어난 감정과 대화는 우리에게 1만 시간의 노력보다 더 큰 가치를 안겨주었다. 천재는 타고난 재능 때문이 아니라 그 시대가 제공한 환경과 1만 시간의 노력이 만들어낸 결과이다. 이는 얼마든지 약자도 강자를 이길 수 있다는 가능성을 열어준다. 어떤 일이든 10년, 1만 시간을 투자하면 전문가 수준에 이를 수 있다.

올림픽에서 금메달을 거머쥔 선수들은 결과에 안주하지 않고 훈련을 끊임없이 이어간다. 권위가 있는 국제 콩쿠르 무대에서 대상이라는 영예로운 수상을 받은 예술가들도 연습을 게을리하지 않는다. 세계 1위라는 타이틀이나 천재의 칭호가 따라붙어도 그들이 개의치 않는 이유는 재능이나 능력이 아닌 연습의 결과가 재능을 키워주고 노력이 유지시켜 준다는 것을 알고 있기 때문이다. 실제로 이를 뒷받침하는 흥미로운 연구가 진행되기도 하였는데 그 결과 아마추어와 실력자의 차이는 대부분 연습 시간에서 비롯되었음이 밝혀졌다. 결국 실력은 '재능'보다 '시간'에서 비롯된다는 사실이 입증된 것이다.

1만 시간의 법칙은 우리에게 말한다. 충분히 노력하면 누구든지 자신이 원하는 것을 이루거나, 원하는 수준에 도달할 수 있다고. 물론, 노력은 어떤 것을 이루기 위한 필수 요소이지만 절대적이지는 않다. 진심 어린 노력이 온전히 힘을 발휘하려면, 그만큼의 시간이라는 자양분이 필요하다. 시간이 필요하다면 만들어야 한다. 우리는 노력과 버금가는 시간을 스스로 확보하고, 기꺼이 그 시간 속에 자신을 밀어 넣어야 원하는 것을 얻을 수 있다. 결국, 1만 시간의 법칙은 진정으로 그것을 원하느냐고 우리에게 묻는다. 우리는 늘 시간에 쫓기듯 살아간다. 하지만 만약, 우리가 시간에게 쫓기는 것이 아니라 그 시간들이 하나씩 적립되고 있는 것이라면 어떨까?

매달 납입하는 적금처럼, 숫자가 하나씩 차곡차곡 쌓여가는 것을 눈으로 확인할 수 있다면, 그건 분명 우리에게 지속할 힘을 준다. 눈에 보이는 증가는 사람을 이끌고, 그 자리에 머물게 만드는 힘을 가진다. 책도 마찬가지였다. 누군가 책을 많이 읽었다고 해서 겉모습으로 그 양이 드러나진 않는다. 나 역시 어느 엄마들과 다르지 않게 무턱대고 전집을 들여놓았다. 물론 책이 주는 정서적 안정은 분명 긍정적이었으나, 지나치게 많은 책은 오히려 아이에게 성취감을 주지 못했다는 걸 나중에서야 알게 되었다. 빈 책장을 채워가는 방식이 더 큰 만족을 준다는 것을 경험을 통해 배웠다. 읽고 싶은 책을 한 권씩 골라 읽고, 그 책으로 점점 책장을 채워나가는 과정에서 아이는 스스로 읽었다는 자부심을 느꼈고, 나는 그 성취감 속에서 독서의 가치를 다시 바라보게 되었다.

책을 읽을 시간이 없다는 말은 어쩌면 가장 설득력 있는 핑계일지도 모른다. 하지만 시간을 거슬러 올라가 보면 무의미하게 흘려보내고 있는 시간의 조각들이 분명 존재한다. 이야기를 나누고, 차를 마시고, 스마트폰으로 뉴스를 훑고, 잠시 눈을 붙이는 그 짧은 순간들. 그 시간들이 책을 읽지 못하는 이유가 될 수는 없다. 시간은 공기처럼 항상 곁에 있지만, 당신이 찾고자 할 때는 그 투명함 뒤로 감춰진 것처럼 느껴진다. 결국, 시간을 어떻게 사용할 것인가는 선택의 문제이자, 삶을 대하는 태도다. 그 선택이 삶을 조금씩 그리고 분명히 바꾸어 놓는 것이다.

인간에게 공평한 것이 있다면 그것은 '시간'이다. 하루 10분을 우습게 보면 안 된다. 가장 많은 것을 가진 사람조차 마지막까지 간절히 원하는 것은 결국 '시간'이다. 돈으로도 살 수 없는 이 귀한 자원을 우리는 때론 무심하게 흘려보내곤 한다. 하지만 시간을 존중하고, 그 시간을 나만의 것으로 채워갈 수 있다면 더 이상 우리는 시간에 끌려다니는 삶이 아니라 시간을 통제하는 삶을 살아갈 수 있다. 하루 24시간, 누구에게나 똑같이 주어진 이 시간 속에서 당신은 어떤 선택을 할 것인가 묻지 않을 수 없다.

딴짓하고 싶을 때 딱 10분만 기다려보자. 책을 읽다가 휴대전화를 확인하고 싶을 때, 누워서 쉬고 싶을 때, 무언가를 먹으려고 움직이고 싶을 때, 그 충동을 곧바로 행동으로 옮기지 말고 '10분만 참자'는 원칙을 세워보는 것이다. 어떤 충동이 강하게 일어날 때, 그 느낌을 의식하며 가만히 지켜보다가 충동이 서서히 가라앉을 때까지 기다리면 마음이 자연스레 전환된다. 행동 심리학자들은 이를 '충동 타기'라고 부른다. 책을 읽을 때 내 마음을 방해하는 요소가 있다면 이 10분 요법을 적용해 보면 큰 도움이 된다.

히말라야는 세계에서 가장 높은 산들이 모여 있는 곳이다. 그곳을 등반하는 일은 결코 쉽지 않다. 그래서 전문 안내자인 셰르파의 도움을 받는다. 셰르파는 히말라야에 오랫동안 머무르며 지형과 기후를 꿰뚫고 있다. 적절한 경로를 안내하고, 어려운 상황에 처했을 때 해결책을 제시하며 등반자가 안전하게 오를 수 있도록 돕는다. 우리의 인생도 마찬가지다. 험준한 산맥과 같은 인생길을 걸을 때, 책은 당신의 믿음직한 셰르파가 되어준다. 언제나 옆에서 길을 밝혀주며 함께해 줄 것이다.

째깍째깍, 흘러가는 인생 시계가 언제 멈출지는 아무도 모른다. 불확실한 내일은 늘 우리의 마음을 불안하게 만든다. 나는 아들의 내일이 막막한 불안이 아닌, 단단한 희망으로 채워지길 바란다. 엄마가 들려주지 못한 세상의 지혜를, 책이 대신 전해주어 언젠가 내가 곁에 없더라도 아들의 세상이 쉽게 무너지지 않길 바란다. 그래서 오늘도 나는 아이와 함께 책을 펼친다. 믿음직한 셰르파처럼 책이 아들의 곁을 지켜주길 바라며 조용히 함께 읽고, 이야기 나눈다. 하루의 10분은 일주일이면 한 시간이 되고, 1년이면 365일의 책과 함께한 추억이 된다. 그렇게 시간이 쌓이면 삶이 책으로 이어지고, 책이 삶이 된다.

때때로 누군가 내게 묻는다. 어떻게 그렇게 많은 책을 읽을 수 있느냐고. 나는 그저 꾸준했을 뿐이다. 특별해서가 아니라, 멈추지 않았기 때문이다. 읽고 싶은 마음은 누구나 갖는다. 하지만 그 마음을 행동으로 이어주는 건 습관이 만든 고정적인 시간이다. 요리를 하기 위해 부엌 앞에 서는 것처럼, 출근하기 위해 거울 앞에 서는 것처럼, 책을 읽기 위해 '시간 앞에 서는 것'이 중요하다. 나를 위한 고정된 시간을 정해두고, 그 시간을 방해받지 않도록 지켜내면 우리는 하루 한 번, 책을 곁에 둔 삶을 살아가게 된다.

대나무는 매우 빠르게 자라는 식물로 알려져 있다. 하지만 대나무

씨앗에서 싹이 트기까지는 무려 4~5년이라는 시간이 필요하다. 그 시간 동안 땅 위에서는 아무런 변화도 보이지 않는다. 그러나 땅속에서는 조용히, 섬세하고 깊은 뿌리들이 사방으로 뻗어나간다. 그 오랜 침묵의 시간이 자양분이 되어 이윽고 대나무는 믿을 수 없을 만큼 빠르게 자라난다. 책을 읽는다는 것도 어쩌면 그런 뿌리를 내리는 일인지 모른다. 섬세한 뿌리들이 땅속의 영양을 끌어올리듯 우리는 책의 활자 하나하나를 마음속으로 흡수한다. 그 조용한 시간들이 모여 어느 날, 눈에 보이는 변화를 만들어낸다. 독서를 시작한 지 몇 개월이 지나도 아무런 변화가 느껴지지 않는다면, 그건 당신이 뿌리를 내리고 있다는 증거다. 그러니 멈추지 않기를.

　오늘의 독서는 내일의 기쁨이 된다. 마시멜로 실험에서처럼, 눈앞의 달콤함을 잠시 미루는 인내심은 더 큰 보상으로 돌아온다. 독서 역시 마찬가지다. 당장의 재미를 좇는 대신 책을 읽는 시간을 쌓아가면, 언젠가 달콤하고 풍요로운 인생을 선물 받게 된다. 그러나 독서는 마냥 미래만을 위한 행동은 아니다. 지금 이 순간에도 충분한 유희가 되어준다. 소비하는 독서만이 아닌 독서를 통해 생산해 내는 언어의 즐거움을 우리는 경험해 왔다. 독서는 수비하는 기쁨만이 아닌, 말을 재미있게 꾸며서 이야기를 하는 언어유희를 통해 얼마든지 기쁨을 재창조할 수 있다. 글로 생산한 즐거움은 재미를 유발함은 물론 긴장을 완화시키는 힘이 있다.

  시간에 노력을 더해 축적해 간다면, 변화가 필요한 어느 날 폭발적인 지식이 당신의 안에서 솟아오를 것이다. 하루 10분은 별것 아닌 것처럼 느껴질지 몰라도, 그 10분은 결국 당신이 선택한 최고의 투자 도구가 되어 3,600분의 마법 같은 시간으로 돌아올 것이다. 그리고 그 시간은 당신을 조금 더 단단한 사람으로 바꾸어줄 것이다.

## 판단은 적게, 수용은 많이 하라

"A는 성격이 안 좋다", "갑질한다" 등 확인되지 않은 이야기들이 꼬리에 꼬리를 물며, 인기 연예인에 대한 악성 루머가 시시때때로 SNS에 도배되곤 한다. 사람들은 이러한 루머를 사실처럼 믿고, SNS에서는 비난과 욕설이 도배된다. 그들은 단 한 번도 A를 만나본 적 없으면서, 오직 SNS에 떠도는 몇 줄의 글만으로 한 사람의 인격을 재단한다. 반대로, 오랫동안 남몰래 선행을 이어왔다거나 A에 대한 미담이 공개되면, 사람들의 태도는 180도 바뀌어 버린다. 언제 그랬냐는 듯 찬양하는 글이 비난의 자리를 메운다.

이러한 현상은 우리가 얼마나 쉽게 타인을 판단하고, 그 판단의 근거가 얼마나 허술한지를 여실히 보여준다. 직접 경험하지 않은 정보,

특히 SNS처럼 걸러지지 않은 공간에서 퍼지는 이야기는 사람들의 감정을 자극하고 섣부른 판단을 부추긴다. 현상은 우리의 일상생활에도 파고들어 오해하게 만들고, 질투하게 만들어 끝내는 사람과 멀어지게 만든다. 의견에 편승하기보다 한 발자국 멀리서 바라보는 해안의 필요성을 느끼게 된다.

책은 우리에게 경험해 보지 않고 타인을 쉽게 판단하는 것이 얼마나 위험한 일인지 알려준다. 우리는 타인의 삶과 선택을 얼마나 쉽게 재단하고 있는지 알고 있을까. 경험해 보지 않았음에도 불구하고 자신의 좁은 시야와 제한된 정보만으로 타인의 복잡한 삶을 규정하려 든다. 세상의 판단이 아니라 편견 없이 받아들이는 것, 즉 수용의 태도는 진정으로 누군가를 돕는 일이 될 것이다. 섣부른 판단을 할 때 우리는 한 사람의 진정한 가치와 그 가치가 지니는 의미를 간과하게 된다. 타인의 길을 걸어보지 않았다면, 섣불리 그 길에 대한 평가를 내려서는 안된다. 펼쳐보지 않고 섣불리 판단하지 말고 책이라는 그릇이 담고 있는 이야기를 존중할 때 그 글은 진짜 내 것이 되어 비워지고, 비로소 수용을 담게 된다.

사람이라면 누구나 합리적이고 이성적인 판단을 하고 싶어 하지만, 선택지가 많아질수록 판단은 오히려 더 어려워진다. 그래서 나는 뷔페를 그다지 좋아하지 않는다. 다양한 음식이 줄지어 기다리는 풍경은 누군가에겐 천국일지 몰라도, 나에겐 판단의 연속이다. 한정된 배를 쓰다듬으며 집게를 들기 전, 이미 마음의 에너지가 소진된 듯한 기분이 든다. 우리는 늘 과거의 경험을 끌어와 지금의 선택에 대한 근거를 합리화한다. 실패에는 원인을 분석하고, 성공에는 결과만 바라본다. 실패하지 않기 위해서는 때로 독단을 내려놓고 수용하는 용기와 성공을 향한 집중과 선택이 필요하다.

즐거움이 각인된 기억이 떠오를 때마다 우리는 다시 그 시간으로 여행을 다녀온다. 책도 그렇다. 읽지 않으면 알 수 없고, 겉핥기만 해서는 아는 기쁨이 오지 않는다. 진정한 앎은 마음에 스며들어 내 것이 되는 순간 비로소 찾아온다. 때로는 작가와 쉽게 소통되지 않아 문장의 결을 헤매는 순간도 있지만, 그마저도 발견을 위한 여정이라 생각하면 읽는 일은 멈추지 않게 된다. 그 모든 어려움조차 읽기의 일부이기에.

우리는 종종 판단과 수용을 말할 때 이성적인 논리를 내세운다고 생각하지만, 실은 그 바탕엔 경험이 있고, 그 경험이 남긴 기억이 있다. 경험은 "넘어졌을 때 아픈가?"라는 질문에 대한 즉각적인 대답이다. 반면, 기억은 "왜 넘어졌는지"와 "다시 넘어지지 않으려면 어떻게 해야 하는지"에 대한 깊은 사유에 대한 응답이다. 우리는 경험을 통해 기억을 수집하고, 그 기억은 다음 판단을 가능하게 한다. 그래서 가치 없는 경험은 없다. 비록 아팠을지라도, 그 순간은 우리를 만든다.

보이스피싱. 처음엔 뉴스에서 흘러나오는 이야기로만 여겼다. 하지만 어느덧 현실은 너무 가까이 다가와 있었다. 가까운 지인도 최근 그 덫에 걸려 홀린 듯 사건에 휘말리고, 한동안 말을 잃었다. 처음 몇 번의 수익이 방심하게 만들었고, 그 방심이 판단을 흐리게 했다. 우리는 왜, 명백히 잘못된 상황에서도 그 안을 똑바로 들여다보지 못할까. 어쩌면 자신의 판단에 대해 냉정하게 바라볼 줄 아는 용기가 부족해서일지도 모른다. 그리고 그 용기는 결국, 다양한 수용에서 비롯된다.

우리는 세상을 너무도 손쉽게 판단한다. 그리고 자신의 판단이 옳다고 믿는 순간, 타인에게 그것을 강요하기 시작한다. 빠르게 주고받는 정보 속에서 SNS는 우리의 감정을 탈진시키고 무분별한 주장과 판단은 많은 사람의 정신을 조금씩 갉아먹는다. 세상은 끝없이 허상을 만들고, 언제든지 진실을 가려 당신을 위협한다. 이제는 스스로 지켜내야 한다. 무엇으로부터? 거짓된 정보, 쉽게 내린 판단, 그리고 자신의 목소리를 잃은 채 타인의 눈을 의식하는 마음으로부터. 진심을 읽는 독자보다, 진심으로 읽는 독자가 되어야 한다. 책을 대충 읽으면, 생각도 대충 흘러가기 마련이다.

책을 읽는다는 것은 생각보다 쉬운 일이 아니다. 장시간 활자에 집중하다 보면 눈이 시리고, 몸은 어느새 경직된다. 어떤 이는 독서를 '수행'에 가깝다고 말하기도 한다. 역설적이지만, 그런 고요한 인내의 시간이 지나야 비로소 독서의 즐거움이 찾아온다. 그 즐거움에 이르기 위해선 먼저 머리가 이해해야 하고, 그다음 마음이 만족해야 하며, 마지막으로 '관점'이 열려야 한다. 그 세 가지가 차례차례 충족되어야 우리는 비로소 한 권의 책과 온전히 연결될 수 있다. 그렇기에 책을 읽는다는 것은 단순한 텍스트 소비가 아니다.

겉껍질만 훑듯 읽는 습관에서 벗어나 문장 위에 밑줄을 긋고, 마음을 울린 한 줄에 메모를 남기며, 작가의 숨결과 나의 호흡이 교차되는 자리까지 가야 한다. 진정한 독서의 기쁨은 그 깊은 안쪽에 숨어 있다. 영상은 순간의 예술이다. 흘러가는 장면에 스스로의 생각을 얹을 시간이 없다. 반면 독서는, 철저히 독자의 선택으로 이루어진다. 나는 책을 읽을 때, 마음에 들어온 문장을 포스트잇으로 표시해두고 다 읽은 후 그 문장을 다시 필사하며 그때 느낀 감정을 곱씹는다. 책을 덮는 것이 끝이 아니라, 생각을 쓰는 것까지가 독서의 완성이다.

저자의 말에 나의 해석을 덧붙이고, 삶의 맥락 속에 그 문장을 심는다. 진짜 독서란, 머리가 아닌 몸으로 읽는 '체독(體讀)'이다. 세상은 끊임없이 바쁘게 변한다. 우리가 원하지 않아도 외부의 목소리는 우리의 생각을 흔들고 침범한다. 그래서 책을 읽는 순간만큼은 의도적으로 시간을 비워야 한다. '깊이 읽기'는 선택이 아닌, 하나의 결심이다. 단어를 곱씹고 문장을 다시 해석하며 나만의 질문을 만들어야 한다. 다른 사람의 리뷰나 평점에 내 생각을 맡기지 않고, 내 지식과 경험을 바탕으로 책과 마주하는 연습이 필요하다.

우리의 생각은 그렇게 깊어진다. 깊어진 생각은 마음으로 흘러가고, 마음은 새로운 언어를 만들어낸다. 그 언어는 세상을 바라보는 방식이 되고, 마침내 나를 말해주는 방식이 된다. 마음의 언어를 디자인하는 유일한 행위, 그것이 독서다. 저자의 지혜가 끝나는 지점에서 우리의 깨달음이 시작된다. 진짜 독서란, 바로 그런 것이다.

한때 나는 책을 읽는다는 사실만으로 스스로를 특별하다고 여겼다. '책을 읽는 사람'이라는 타이틀이 주는 그럴듯한 이미지 속에, 나도 모르게 자부심을 넘어 허세에 가까운 감정을 품고 있었다. 책을 읽지 않는 이들을 은연중에 낮춰보기도 했고, 그 우월감은 궁핍했던 내 삶을 감추는 일종의 방어막이 되기도 했다. 지적인 허영심은 나를 더 나은 사람으로 만들어주는 듯했지만, 결국 그것은 내가 만든 껍데기에 불과했다.

책은 그런 허영을 비추는 거울이 되어 내가 어디로 가고 있는지를 조용히 일깨워 주었다. 초심을 잃어가던 나를 다시 처음의 마음으로 이끈 것도, 내 생각을 다시 정돈할 수 있게 해준 것도 다름 아닌 책이었다. 책이라는 건, 결국 내가 살아온 시간만큼만 읽히는 존재다. 때로는 복잡하고 난해해도 그 문장들을 있는 그대로 받아들이려는 지적 인내심이 필요하다. 너무 쉽게 해석하려 들면, 그만큼 쉽게 단정하게 되고, 그 단정은 잘못된 판단으로 이어지기 십상이다. 질문하고, 또 질문하며 저자와 묻고 답하는 시간을 견뎌내다 보면 지성의 폐활량도 자연스레 깊어진다.

익숙한 문제는 익숙한 방식으로 해결할 수 있지만, 세상은 언제나 낯선 질문을 던져온다. 그럴 때 필요한 건 편견 없는 시선과 낯선 사고를 받아들이는 용기다. 다양한 독서를 경험한 사람은 문제를 새로운 방식으로 바라보고 전혀 다른 해법들을 조합해낸다. 그리고 그 과정에서 느끼는 짜릿함은, 문제를 해결했다는 기쁨보다는 그 문제 앞에서 스스로를 넘어서고 있다는 충만감에 가깝다. 책은, 그렇게 내 안의 무언가를 매만지며 천천히 나를 키워왔다.

독서는 개인의 취향이 반영되는, 참 매력적인 행위다. 독자가 지닌 삶의 가치와 생각은 책을 바라보는 눈이 되고, 판단의 기준이 된다. 하지만 이 세상에 완벽한 책이 없듯, 완벽한 독자도 없다. 책을 읽을 때는, 그 말의 80%만을 믿고 나머지 20%는 자신의 사유로 채우라는 말이 있다. 질문이 생기고, 의심이 더해지면 토론이 시작되고, 결국엔 합리적이고 이성적인 판단만이 남는다. 익숙한 글맛은 편안하지만, 시간이 지나면 무뎌지기도 한다. 반면, 낯선 문장은 오히려 감각을 깨운다. 편식하지 않고 다양한 책을 수용하려는 이유도 바로 그 낯섦 속에서 나를 확장시킬 수 있기 때문이다. 예전엔 책을 읽으며 나를 채우는 일이 즐거웠다. 이제는 읽으며 나를 비우는 독서가 진짜 즐거움이 되었다.

 작가의 생각에 성급한 판단을 내리기보다 조용히 받아들이고, 가만히 머무는 것. 그 수용이 나를 더 깊고 단단하게 만든다. 판단은 독자의 권한이지만, 그 권한을 앞세우기 전에 먼저 필요한 건 저자의 생각을 온전히 수용하는 자세다. 수용이 많을수록 판단은 더 신중해지고, 신중한 판단은 독서의 양보다 삶을 움직이는 질로 이어진다. 판단은 적게, 수용은 많이. 그럴수록 우리는 더 나은 독자로, 더 넓은 사람으로 나아가게 된다.

# 5장

진정한 독서의 완성은 삶이다

## 읽으며 감정의 조각들을 모은다

책을 읽으며 어떤 문장에 마음이 머무는 순간이 있다. 그 이유는 아마도 그 문장에 시간이 녹아 있기 때문일 것이다. 우리는 각기 다른 시대를 살아가지만, 시간이라는 길 위를 함께 걷는 동반자다. 책 속 문장과 내 안의 시간이 맞닿을 때, 비로소 공감이라는 감정이 피어난다. 감정의 다양한 얼굴을 마주하는 일은 살아가는 데 꼭 필요한 연습이며, 그 과정에서 우리는 점점 더 단단한 사람이 되어간다.

감정은 인간이 세상을 마주하는 가장 본능적인 방식이므로 우리는 감정의 노예가 아닌 주인이 되어야 한다. 감정을 잘 다스리는 사람을 '감정 부자'라고 부르기도 하는데, 섬세하고 예민하다는 오해를 받기도 한다. 하지만 무표정한 '감정 파괴자'보다는, 진심을 느낄 줄 아는 감정 부자가 되는 편이 낫지 않을까. 심장이 뛴다는 건 마음이 살아 있다는 증거이니까.

8남매가 친정에 모이면 그곳은 시끌벅적 웃음이 넘친다. 그러나 어느 순간, 따뜻하던 분위기가 누군가의 말 한마디에 싸늘해질 때가 있다. 공감 없는 반응에 서운하기도 하고, 날 선 말투에 화가 나기도 한다. 가까운 사이일수록 그런 감정은 더 쉽게 상처가 된다. 한 번은 존댓말을 써보기도 했지만, 낯간지러운 말투에 웃음이 터졌다. 서로에게 벌금을 매겨보자는 제안도 나왔지만, 결국 기준을 정하기가 어려워 무산됐다. 그 모든 시도는 상처를 줄이기 위한, 서로를 더 잘 이해하고 싶은 마음에서 비롯되었다.

가까운 사이일수록 말 한마디를 더 조심히 내뱉어야 한다. "머리 잘랐네."보다 "머리 자르니까 얼굴이 더 산뜻해 보여. 잘 어울린다~"라는 말은, 같은 사실도 더 따뜻하게 전한다. 이런 섬세한 표현은 아무리 가까운 사이여도 훈련이 필요하다. 내가 힘들 때 가장 먼저 손을 내밀 수 있는 사람은 결국 가까운 가족이기에, 그들과 나누는 말이야말로 가장 다정해야 한다.

과거의 내 시간에 다정한 말이 드물었더라도 지금은 나정한 날을 가까이 두려 한다. 익숙한 말, 익숙한 표현들 사이에서 자라며, 감정을 부드럽게 표현하는 법을 배우지 못했다. 하지만 책을 읽으면서 알게 되었다. 말에도 다양한 옷이 있고, 감정도 다양한 방식으로 전달할 수 있다는 사실을. 책 속 문장들이 내게 새로운 언어를 입혀주었고, 그 옷을 하나씩 걸쳐보는 사이, 나는 공감이라는 감정을 익히기 시작했다. 그렇게 책을 통해 감정의 조각들을 하나하나 모아가고 있다.

과거와 현재, 미래는 한 줄의 실처럼 이어져 있다. 우리는 어느 한 곳의 시간에만 머물며 살아갈 수 없다. 불안한 오늘은 어제의 실수에서 해답을 찾고, 희망의 내일은 오늘의 선택에서 비롯된다. 책은 시간의 다리를 건너는 데 있어 가장 든든한 동반자다. 2차 세계 대전 당시 나치의 박해를 피해 숨어 지내야 했던 안네 프랑크는 일기장에 "키티"라는 이름을 붙여 마치 친구에게 말을 건네듯 하루하루를 기록했다. 그 안에는 두려움도 있었고, 어린아이의 순수함도 있었다. 무엇보다도 끝내 희망을 잃지 않으려는, 고요한 용기가 담겨 있었다. 그녀의 글이 지금까지도 깊은 울림을 주는 이유는 단지 시대적 사실 때문이 아니다. 진솔하게 전달되는 감정에 있다. 진실한 감정은 시대를 뛰어넘어 공감을 선사한다.

시간이 아무리 지나도, 우리는 여전히 안네 프랑크가 느낀 공포를 가슴으로 느낄 수 있다. 그 감정이 우리의 마음을 흔드는 순간, 시간의 문이 조용히 열린다. 책은 그렇게 감정으로 이어진 과거의 편지이자, 수신자를 모르는 누군가를 향해 띄운 이야기다. 책을 읽는다는 건 단순히 과거를 복기하는 것이 아니라, 과거의 감정을 통해 오늘을 되돌아보고, 더 나은 내일을 향해 나아가는 일이다. 책이 감정의 언어로 시간을 꿰어주는 순간, 우리는 현재라는 다리 위에서 비로소 균형을 잡고 설 수 있다.

교내 상담 주간, 선생님은 아이들과 일대일로 마주 앉아 학급 생활 속 고민과 불편함에 대해 이야기를 나누었다. 대부분의 아이들은 말하는 걸 쑥스러워하거나 단답형으로 대화를 이어갔지만, 아들은 상담이 시작되기 전 이렇게 말했다고 한다.

"선생님 많이 힘드시죠. 우리가 속상하게 해드려서 미안해요. 말 안 들어서 혼 내시지만 우리를 사랑하시는 거 알아요. 그래서 선생님이 좋아요. 힘내세요."

그 말은 선생님의 마음을 단번에 뭉클하게 만들었고, 아이의 작은 공감은 커다란 위로가 되었다는 것을 알 수 있었다. 부족한 말이라도 진심은 통한다. 아이는 자신이 할 수 있는 표현으로 선생님의 입장을 이해하려 노력했고, 그것은 선생님에게 큰 감동으로 남았다. 공감은 상대에게 전하는 기쁨의 선물이다. 누군가를 있는 그대로 바라보고 마음을 기울일 때, 비로소 관계는 살아난다. 아이는 부모라는 거울을 보며 성장한다. 평소 내가 쓰는 말, 내 반응 하나 하나가 아이의 감정 언어가 된다. 때론 편안함을 내려놓고, 조금의 불편함을 감수하며 다정한 말을 훈련해야 한다. 아이의 빛나는 생각이 평범한 반응에 눌려 사라지지 않도록, 나부터 말의 온도를 바꾸는 사람이 되고자 노력을 멈추지 않는다.

독서는 나를 변화시키고, 결국 나의 변화는 타인의 변화까지 이끌어낸다. '나'라는 한 사람이 세상을 따뜻하게 만들 수 있다는 믿음을 품고, 각자의 방식으로 성장하는 독서를 이어가야 한다. 그러면 감정은 맑아지고, 관계는 깊어진다. 우리는 기술과 정보의 풍요 속에 살고 있지만, 감정은 점점 더 외면당하고 있다. 쓰레기통에 쌓여가는 감정의 찌꺼기들 사이에서, 나는 책을 통해 감정을 차곡차곡 분리하고 정화해간다. 책을 읽는 시간은 나에겐 명상이다. 글을 읽는 동안엔 외부의 소음이 잠시 멎고, 내면의 목소리만이 들린다. 복잡하게 떠다니던 생각의 부유물들이 글자 사이사이로 가라앉는다. 그렇게 감정의 수면은 점점 고요해지고, 내 마음은 다시금 투명해진다. 책은 내가 나를 비추는 거울이자, 감정이 숨 쉬는 가장 정직한 공간이다.

시간이 흐르면 기억은 자연스럽게 희미해진다. 그래서 사람들은 순간을 사진으로 남기는지도 모른다. 때로는 사진을 통해 상처를 치유하거나, 잊힌 기억을 되살리기도 한다. 사진이 그렇듯, 글 또한 감정의 저장소가 된다. 바쁘게 흘러가는 하루 속에서 우리는 자주 자기 감정을 뒤로 미루며 살아간다. 감정의 주인임에도 불구하고, 어느 순간 감정을 타인의 손에 맡겨버리곤 한다. 그러다 문득, 내 마음이 텅 비어버렸다는 사실을 알아차린다. 행복, 기쁨, 분노, 당혹, 슬픔, 사랑. 나는 이제 이 모든 감정에 다정하게 말을 건다. "지금 어떤 마음이야?"라고 조심스럽게 묻는 순간, 마음의 문이 조금씩 열린다.

아이를 키우며 자신의 감정에 지쳐 있는 사람들이 있다. 아이에게 소리친 뒤 후회하고, 자책하면서도 같은 상황을 반복한다. 나 또한 감정을 이기지 못하던 때가 많았다. 책에서 만난 수많은 이들이 내게 해결책을 들이밀기보다, 먼저 나의 후회와 자책을 가만히 안아주라고 조언해주었다. 그들이 던지는 문장에 위로받으며, 나는 내 감정을 있는 그대로 바라보는 연습을 했다. 그리고 깨달았다. 화를 낸 것이 문제가 아니라, 그 순간 내 감정을 몰라준 것이 더 깊은 상처였다는 것을.

감정을 돌보는 법은 결국 나를 이해하는 법이었다. 감정이 고요하지 않으면 세상은 온통 불안해진다. 감정이 폭풍처럼 휘몰아치면, 내가 가진 능력은 방향을 잃고 쉽게 부서진다. 한때 사소한 일에도 얼굴이 붉어지고 눈물을 감추지 못하던 내게 '필사'는 커다란 힘이 되었다. 그저 책을 읽는 것만으로는 흔들리는 감정을 오래 담아둘 수 없었다. 하지만 마음을 흔든 문장을 따라 써 내려갈 때, 감정은 비로소 조용히 가라앉았다. 필사는 나를 안정시키고, 감정을 저장하고, 다시 꺼내어 보는 방법을 가르쳐 주었다.

　책은 감정 앞에서 서툴고 부끄러워하는 우리에게, 어떻게 감정 곁에 조심스레 다가갈 수 있는지를 일러준다. 풀어내지 못한 감정의 찌꺼기를 해소하는 법도 함께 알려준다. 책을 읽는 사람은 글의 목소리에 귀 기울일 줄 아는 사람이다. 그런 경청은 상대에게 여유를 선물하고, 나 자신에게도 휴식을 허락한다. 현대는 불안이 일상이 된 시대다. 하지만 책은 그 불안을 가만히 어루만져 주는 손이 되어준다. 책은 감정을 맑게 정화하여 우리 마음의 온도를 한결 따뜻하게 데워준다. 그래서 오늘도 나는 글을 읽고, 필사하고, 마음을 적어둔다. 감정은 흘러가지만, 기록된 감정은 살아남는다. 그리고 언젠가 다시 나를 위로한다.

　변화는 세상이 가져오는 것이 아니다. 내가 먼저 변할 때, 비로소 세상의 결도 달라진다. 그리고 그 변화는 외형이 아니라 감정에서 시작된다. 감정이 흔들릴수록 나의 능력도 함께 흩어진다. 하지만 감정을 조절할 수 있다면, 내 안의 힘은 오히려 더 단단해진다. 책은 그 감정을 어루만지고 다듬어 주는 고요한 스승이다. 독서는 지식을 채우는 일로 시작되지만, 결국 삶을 더 잘 살아내기 위한 여정이어야 한다. 어떤 이는 영상은 술 같고 책은 물 같다고 했다. 책은 그런 존재다.

몸에 꼭 필요한 수분처럼, 삶에 꼭 필요한 감정의 조각들을 오늘도 나는 책을 읽으며 모아간다.

## 보이지 않던 길을 걸어가고 싶다면

책을 읽으며 나는 삶의 길을 찾아간다.

사람들은 가보지 않은 길 앞에서 주저하고 두려워한다. 그러나 도전은 어두운 길을 밝혀주는 작은 등불이 되어준다. 책은 바로 그 등불인 것이다. 가보지 않은 미지의 길을 두려움 없이 나아가도록, 마음속 길을 밝혀준다. 내가 걷는 이 길이 진정 내가 원하는 길인지, 그 확신은 무엇보다 중요하다. 독서는 평범한 일상 같지만, 그 안에는 일상을 비범하게 만드는 마법이 숨어 있다. 책을 읽는다는 것은 나를 더 깊고 넓은 삶으로 이끄는 자기 탐구의 여정이다.

단순히 책을 잘 읽고 싶은 마음에 책을 집어 든다면, 다 읽더라도 한 줄도 제대로 기억하지 못한 감정만이 남을 것이다. 쉬운 책만 고집하지 말고, 어렵더라도 한 장 한 장 넘기는 도전의 쌓임 속에 내면의 성장과 발전이 있다. 외부의 화려한 도전만이 성장의 길이 아니다. 나만의 시간 속에서 끊임없이 도전하면 진정한 성공을 거둘 수 있다. 책이라는 또 다른 삶의 축소판이 내게 보여주는 길을 외면할 수는 없다.

삶은 본질적으로 고통이다. 고통에 빠지면 세상과 사물을 분간하기 어려워지고, 판단마저 흐려진다. 몇 해 전, 롯데타워를 가기 위해 방문한 서울 도심은 성냥갑처럼 빽빽한 아파트, 좁은 골목, 멈춰 선 도로 위의 차들로 복잡했지만 롯데타워 전망대 위에서 아래를 내려다보니 모든 것이 한데 어우러진 조화로움으로 다가왔다. 우리가 살아가는 미로 같은 세상도, 그 안에서 헤매는 나의 길도 결국은 하나의 큰 그림 속 일부임을 깨닫는다. 보이지 않는 길은 결코 없는 길이 아니다. 그 길을 혼자 걷는 이가 바로 독창적인 사람, 세상보다 한발 앞서가는 사람이 된다. 남들이 다니지 않은 그 길 위에서, 나는 나만의 즐거움을 찾는다.

거리를 걸을 때는 혼란스럽고 어지럽기만 했던 도시의 풍경이 높은 곳에서 내려다보면 분명한 규칙과 질서로 빛난다. 가까이에서 들여다본 탓에 빌딩 숲에 갇혀 도시의 큰 그림을 볼 수 없었던 것이다.

우리가 인생이라는 미로에서 헤매는 이유도 같다. 너무 가까이서 자신과 세상을 바라보기 때문이다. 책을 읽으며 나는 스스로를 높은 곳으로 밀어 올린다. 넓고 깊은 시선을 키워, 세상을 새롭게 조망한다. 독서를 통해 내 안에 거대한 에너지가 차오르는 것을 느낀다. 중요한 것은 어디에 있느냐가 아니라, 어떤 시선으로 세상을 바라보느냐는 것이다.

19살 여름, 취업에 성공한 이후로 지금까지 쉼 없이 달려왔다. 청춘을 담보로 삼아 돈을 벌었다는 생각에 속상함과 후회가 밀려온다. 부모님의 짐을 덜어주고, 동생들의 앞길을 위해 달려왔다. 누구를 위해 살아야 한다는 압박감에서 벗어나고 싶었고, 나 역시 누군가에게 기대고 싶었다. 결혼과 출산의 고비에서 책은 나를 버티게 했다. 왜곡된 감정의 응어리를 따뜻하게 녹여주었다. 주관적인 상처는 눈과 귀가 있어도 제대로 보거나 듣지 못하게 한다.

독서는 완벽하지 않아도 나를 중립적으로 바라보게 도와주었다. 내면과 마주하는 시간을 만들어준다. 내면은 가장 소중한 나이기에 쉽게 드러내지 않으려 숨기기 마련이다. 그렇게 읽으며 깨달았다. 나는 누군가에게 기대고 싶은 게 아니었다는 것을. 어린 시절 꿈꾸던 모습 그대로 살지 못했지만, 일하는 여성으로 살아가는 지금 이 순간이 행복하다는 것을.

독서는 지식을 향한 무한한 이해에 항상 열려 있으므로 우리도 언제든 생각과 행동을 바꿀 준비가 되어 있어야 한다. 나는 종종 아들에게 꿈이 무엇인지 묻는다. 그때마다 아이의 대답은 달라진다. 나는 그런 변화를 좋아한다. 고정된 꿈보다, 자주 바뀌는 꿈을 더 소중하게 여긴다. 그 변화 속에서 더 넓은 세상을 보기 위한 책을 찾게 될 테니까. 그리고 책 속의 한 문장이 보이지 않던 그 길의 초입을 밝혀줄 것이라 믿는다.

요즘 아이들의 꿈이 '돈'일 때가 많다. 안타까운 일이다. 책은 보이지 않던 것을 보게 해주지만, 돈은 보이던 것을 가리기도 한다. 천천히 읽고 사유한 시간은 우리를 더 높은 곳으로 데려다준다. 시간 위에서 삶을 내려다보는 눈을 가지게 된다. 그 눈이 있어야 무엇을 보고 무엇을 피해야 하는지 분별할 수 있다. 나는 책을 읽으며 나만의 관점과 해석으로 나만의 길을 만들어간다. 아들도 꼭 그런 길을 스스로 만들어가길 바란다.

인생은 짜릿할 만큼 아름다운 순간으로 가득하다. 걸으며 본 세상도 장엄하고, 책을 읽으며 만난 세상도 다르지 않다. 낯선 글은 낯선 숲과 닮았다. 누군가 아직 발견하지 않은 숲에 때 묻지 않은 순수함이 있다. 오염되지 않은 숲의 숨결을, 오롯이 나만의 방식으로 흡수할 수 있다. 모두가 같은 꿈을 향해 나아가는 길은 복잡하고 혼잡하다. 하지만 정신적인 풍요를 먼저 좇는다면, 물질적인 풍요는 어느새 뒤따라

오게 될 것이다.

　현재를 외면한 채 누군가의 삶만을 동경하는 사람들이 있다. 그러나 진짜 동경은 지금, 나의 삶에 있어야 한다. 불만족스러운 현실을 인정하는 순간, 그 민낯조차도 삶의 일부로 받아들여지며 조금씩 즐거움이 스며든다. 책을 읽는다는 건 작가가 만든 세계에 독자가 던져지는 일이다. 익숙한 현실에서 벗어나, 다른 세상에서 살아보는 간접 경험은 나를 되돌아보게 하고, 무심코 놓쳤던 감정을 다시 건드린다. 현실을 회피하는 게 아니라, 현실을 더 잘 살아내기 위한 시선의 전환이다. 책은 그 과정을 안내하고, 우리는 그 안에서 의도적인 선택을 반복하며 살아간다. 인생이란 결국 만족을 배우고, 불만족을 줄여가는 탐험의 연속이 아닐까.

　책을 읽으며 누릴 수 있는 기쁨은 의외로 많다. 특히 삶을 잔잔하게 비추는 수필을 읽다 보면 섬세하고 소박한 기쁨 덕분에 나의 시간이 따뜻하게 물든다. 왁자지껄하지 않고, 조용히 다가오는 행복. 이러니 읽지 않을 수 없다. 책을 읽을 때면, 이래도 되나 싶을 만큼 충만한 감정이 마음을 감싼다. 내일은 분명 좋은 일이 생길 것만 같은 예감, 마음 한 구석이 몽글몽글해진다. 기분 좋은 감정은 서랍 속에 고이 간직하고 싶고, 애틋하고 아련한 감정은 꺼내 햇볕에 말리고 싶어진다. 그렇게 깨끗하고 고결한 감정들을 조용히 쌓아두었다가, 소중한 사람들에게 마음을 전하고 싶어진다.

  상대방에게 읽기를 권유할 수는 있지만 그 이상은 간섭이 된다. 읽게 하고 싶으면 내가 읽는 사람이 되어 생활에 스며들게 하면 된다는 것을 느낀다. 처음 글을 쓰기 시작했을 때 남편은 열심히 써라는 단순한 응원이 전부였다. 어쩌면 며칠 쓰다 말겠지 생각했을 수도 있다. 짬짬이 쓰는 모습을 지속적으로 보여주자 언제부터 글은 언제 쓰는지 일정을 물어보기 시작했다. 최근 들어서는 글 쓰는 시간을 배려해주기 시작했다. 자연스럽게 녹아드는 이러한 모든 과정들이 독서의 힘이 아닐까 생각한다. 듣는 것은 한쪽 귀로 듣고 한쪽 귀로 흘러 나갈 수 있지만 보는 것은 어디도로 빠져나가지 못하고 각인되기에 무섭다. 백번 말하는 것보다 한 번 보여주는 것이 더 큰 힘이 있는 것처럼 내가 직접 행동하여 상대방에게 보여주면 된다.

  행복한 마음의 태도는 결국 스스로의 행복에서 비롯되며, 그 행복은 책장을 넘기는 조용한 행위 속에서 피어난다. 독서는 마음을 고요히 하고, 세상과 자신을 다정히 마주하게 만든다. 매서운 겨울이 끝나갈 무렵, 나는 여전히 찬 바람이 겨울을 붙잡고 있는 줄 알았다. 하지만 어느새 봄은 그 바람 뒤에 숨어 가장 먼저 도착해 있었다. 책은 그런 계절의 이치를 조용히 알려준다. 시련과 고통의 시간은 영원하지 않으며, 그 끝에는 반드시 새로운 시작이 숨어 있다.

  우리는 모든 날이 괜찮기를 바라지만, 모든 날이 괜찮을 수 없다는 것을 안다. 그래서 어느 하루가 괜찮으면, 그 하루가 더 특별하게 다가온다. 사람들은 목표 있는 삶, 열정 가득한 삶, 충만한 삶을 원한다. 그러나 그것을 좇느라 정작 나 자신을 잃어버리는 것은 아닌지 돌아보아야 한다. 자신을 잃는 건 너무 쉽고, 내가 누구인지, 무엇을 좋아하는 사람인지 알아가는 건 어렵다. 지금의 나를 사랑해야 평생의 나를 사랑할 수 있다. 희망이나 바람이 막연한 생각이라면 목표는 구체적인 계획이다. 책을 읽겠다고 결심했다면, 읽을 책의 종류, 시간, 기간, 권수까지 세부적으로 계획하자. 목록을 만들고 체크리스트를 하나씩 지워나가는 기쁨, 그 과정 속에서 나의 취향과 성향이 또렷해진다. 나를 잃지 않으면서 나를 발견하는 법. 책이 그 길을 알려준다.

삶의 방향을 찾기 위해 영상을 보든 글을 읽든 무언가를 찾아보는 행위는 결국 자기만의 이유를 찾게 해 준다. 그 이유는 삶을 살아가게 하고, 마침내 원하는 것을 향해 나아가게 만든다. 어른들은 내게 공부가 아닌 취업을 선택하라며 주어진 길만을 강조했지만, 나는 좋아하는 것만큼은 놓지 않았다. 책을 읽는 시간을 포기하지 않았고, 그 시간이 삶의 방향을 바꾸었다. 그렇게 읽고 쓰는 지금, 나는 내가 원하던 자리에서 스스로를 바라보고 있다. 누군가 만든 길이 아니라 내가 원하는 길을 갈 때, 비로소 우리는 자유롭게 행복해질 수 있다.

얼마 전, 오랜 시간 알고 지내는 동생에게 연락이 왔다. 이혼 후 새로운 삶을 시작하며 분주한 나날을 보내고 있다고 했다. 말하지 않아도 그동안의 시간이 선명히 그려졌다. 인생이라는 도로를 한결같은 속도로 달리다 예기치 않은 사고로 그 길을 멈추게 된다면, 누구든 앞이 캄캄해질 것이다. 그 어둠 속을 밝혀주고 두려움에 희망의 등불이 되어주길 바라는 마음을 담아 동생에게 편지를 쓰고 책 한 권을 건넸다.

누군가의 그늘에서 벗어나 자신만의 삶을 새롭게 시작하는 사람들이 있다. 그들은 두려움 속에서도 삶을 포기하지 않는다. '주변의 평균이 곧 나의 한계'라는 말처럼 우리의 시선은 너무 자주 타인의 기준에 묶여 있다. 그 한계를 넘기 위해, 나는 책을 읽고 세상을 여행한다. 내 삶의 방향은 주변이 아니라, 내가 바라보는 곳에 있다고 믿기 때문이다. 우리는 모든 것을 가질 수 없기에 선택하고, 그 선택에 책임을 지며 살아간다. 그리고 그 선택의 방식은, 우리가 읽어온 문장들로부터 형성된다.

독서는 삶을 바꾼다. 보이지 않던 길을 걷고 싶을 때 책은 등 뒤에서 묵묵히 지지해 준다. 삶을 바꾸는 독서를 한다는 것은 정말이지, 기적 같은 일이다.

## 책장에 꽂아두었던 책을 다시 펼치며

일 년에 한 번씩 잊지 않고 꼭 하는 일이 있다. 그건 휴대전화에 저장된 사진 파일을 인화하는 일이다.

디지털 시대의 사진은 언제든 보고 싶을 때 꺼내볼 수 있다는 장점이 있다. 하지만 나는 여전히 아날로그 방식을 고수한다. 한 장씩 넘기며 사진을 바라보는 그 시간은, 마치 멈춰 있던 기억을 다시 호명하는 듯하다. 지나온 날보다 남겨둔 사진이 적다는 사실에 마음 한켠이 저릿하지만, 그 속에 담긴 표정과 공기의 결을 되짚다 보면 잊고 있었던 감정들이 조용히 되살아난다. 사람들은 좋은 곳에 가거나 맛있는 음식을 먹을 때면 사진을 찍는다. 하지만 그 순간을 다시 꺼내 보는 일은 그리 흔치 않다. 사진은 남지만, 마음에 남기지 않으면 금세 흐릿해진다. 그래서 나는 의도적으로 사진을 꺼내 보고, 마음속에 저장된 추억을 다시 펼쳐본다. 그건 나에게 그 순간의 감사함을 되새기게 하고, 실수를 반복하지 않게끔 해주는 조용한 방어막이 되어준다.

기억을 꺼내는 일은 책을 다시 펼치는 일과도 닮아 있다. 책장 앞에 우두커니 서서 탐색하다 보면 문득 어떤 책이 나를 부르는 듯한 느낌이 든다. 적당한 긴장감을 즐기다 책을 꺼내 들면, 이미 읽었던 책이지만 어쩐지 처음 마주하는 문장처럼 느껴진다. 기억이 날 듯 말 듯, 꼭 꿈에서 걸어 나온 이야기를 다시 만나는 것처럼. 페이지를 넘기며 잊고 있던 문장이 다시 말을 건넨다. 어느새 흐릿한 기억들이 색채를 입고, 그저 글이었던 문장들은 그 시절의 내 감정과 온기를 되살려준다.

"이 책이 이런 이야기였던가?" 고개를 갸웃하게 되는 건 책이 달라져서가 아니라, 그 책을 마주한 내가 달라졌기 때문이다. 책도 삶처럼, 다시 꺼내 읽을 때 비로소 보이는 것이 있다. 그때는 스쳐 지나갔던 말이 지금의 나를 붙잡아주기도 하고, 과거에는 지나쳤던 위로가 지금의 마음에 머물기도 한다. 그렇게 책은 다시 읽을 때마다, 새로운 시선으로 나를 안내해 준다.

20대 초반, 처음 샬럿 브론테의 소설을 접하고 혼자서 열띤 토론을 나누었다. 황량한 들판 위 외딴 저택 워더링 하이츠를 배경으로 펼쳐지는 캐서린과 히스클리프의 비극적 사랑, 그리고 에드거와 이사벨을 향한 히스클리프의 잔인한 복수. 젊은 나는 사랑하면 그럴 수 있다며 히스클리프의 부족함을 품었지만, 지금의 나는 인간 히스클리프의 어리석음을 조용히 지적한다. 혼란스러운 세상의 중심에서 스스로를 굳건히 세우는 일, 마음을 훔치는 글을 읽으며 깨우침을 얻었다.

시간은 흐르지만, 변하지 않는 것도 있다. 사람에게는 변하기 위해 꼭 필요한 시간이 흐른다. 그 흐르는 시간은 결국 이야기가 되고, 그 이야기가 있기에 우리는 책을 만들고, 책을 읽는다. 이토록 귀한 책을 읽을 수 있음에 감사한다. 시간을 붙잡고 싶지만, 읽었기에 흘려보내야 한다는 걸 알게 된 나이다. 나는 인간의 삶이 한 편의 책장 같다고 생각한다. 10대, 20대, 30대, 또는 영아기, 유아기, 학령기 같은 삶의 구간마다 자신만의 이야기를 기록해 삶이라는 책장에 조심스레 꽂아둔다. 그 책장 속에서 우리는 언제든 꺼내 보고 싶은 순간을 찾는다.

지금이 힘들다면 행복했던 기억을 꺼내 위로를 받고, 시련 앞에서는 비슷한 경험을 펼쳐 방법을 찾기도 한다. 분명한 건, 우리는 삶이라는 책장을 채워가는 시간보다 채워진 시간을 꺼내 읽는 데 더 많은 시간을 쓰고 있다는 사실이다. 지금은 꺼내 읽기 보다 다양한 시간을 채워 넣는데 집중해야 한다. 독서는 단순히 타인의 생각을 수동적으로 받아들이는 행위가 아니다. 삶의 구조를 이해하고 나아가기 위한 능동적이고 이타적인 행위이다.

사랑하는 사람과의 만남을 우리는 흔히 '운명적 만남'이라 부른다. 책과의 만남 역시 그렇다. 책을 읽으며 바뀐 생각 중 하나는 '세상이 변하기를 기다리지 말고, 내가 변해야 세상이 나를 위해 변한다'는 것이다. 나를 둘러싼 환경과 상황을 스스로 변화시켜 나가며 나만의 세상을 조금씩 확장해 가고 있다. 사람을 통해 배우는 것도 중요하지만, 독서를 통한 배움 또한 결코 놓쳐서는 안 된다. 사회생활 속에서 자연스레 인연이 만들어지듯, 책과의 인연은 스스로 찾아야 한다. 그 인연을 맺기 위해선 기다림과 인내가 필요하다.

세간에 높은 평가를 받는 책이 전혀 재미없다거나 시시하다고 느껴질 때가 있다. 그러나 몇 년이 지나 우연히 다시 펼쳐 보면 전에는 미처 보지 못했던 재미와 의미가 빛난다. 책은 내가 처한 상황과 마음 상태에 따라 전혀 다른 얼굴을 보여주는 신비한 존재다. 학창 시절엔 고전을 이해하지 못했지만, 사회인이 되어 고전을 읽으며 깊이 공감하는 이유는 비로소 인생의 본질에 대해 묻고 답하기 시작했기 때문이다.

언제부터인가 소설을 읽으면 주인공을 나로 바꿔서 읽는다. 그러한 경험은 피부의 솜털이 삐쭉삐쭉 솟아나는 듯 꽤나 짜릿하게 다가온다. 독서의 태도가 완전하게 갖춰지면 불완전한 책에서도 자신만의 교훈을 뽑아낼 수 있게 된다. 훌륭한 문학이라고 해도 이해 안 되는 행동을 하는 주인공이 있는가 하면 소문이 자자한 자기 계발서에 자기자랑으로 가득한 모습을 대면하기도 한다. 쉽사리 다가가기 어려운 전문용어들로 가득한 도서를 만나기도 하고, 익숙한 언어로 가득해 지난주에 읽은 책을 또 읽는 듯한 느낌을 받기도 한다. 그러면 어떠랴. 모든 책은 누군가의 삶이고, 그 속에서 나를 찾는 행위야말로 진정한 독서의 즐거움이니 읽었던 책을 다시 펼친다.

자신에게 깊은 울림을 준 책 한 권과의 만남은 결코 한순간의 스쳐 지나감으로 끝나지 않는다. 오히려 긴 시간 함께 걸어가며 나의 성장과 변화를 비추어 주는 거울이 된다. 우리가 살고 있는 세상은 물질적 풍요로움 속에서 정서적 결핍이 빠르게 늘어가고 있다. 그럴수록 자신이 처한 현재를 냉정히 바라보는 눈이 필요하다. 생각하는 독서는 책을 읽은 뒤 바로 책장에 꽂아 시간을 두고 숙성시키는 과정이다. 책과 나, 모두에게 주는 숙성의 시간이다. 5년, 10년이 흐른 뒤 진정 나에게 중요한 책을 다시 꺼내 읽어보라. 기억이 변하는 만큼, 나 자신도 얼마나 성장했는지를 실감할 것이다. 외면의 변화는 영상과 사진이 기록하지만, 내면의 변화를 기억하게 하는 것은 결국 시간과 함께하는 책 읽기, 그 깊은 성찰일 것이다.

예전에 표시했던 밑줄과 메모는 내가 그때 그 순간에 관심을 두었던 작은 기록들이다. "옛날에는 이런 부분에 감동했었구나." "이런 걸 중요하게 생각했었네." 다시 읽을 때마다, 그 기록들은 과거의 나를 발견하게 해주는 단서가 된다. 같은 영화를 여러 번 보는 사람은 많지만, 같은 책을 여러 번 읽는 사람은 점점 줄어들고 있다. 책은 재독할수록 그 의미가 깊어진다. 읽을 때마다 새롭게 발견하는 것들은 몰랐던 나 자신을 마주하는 일이며, 진정한 배움이 무엇인지 깨닫게 한다.

책을 읽으며, 어쩔 수 없었던 선택으로 만들어진 나의 모습과 조용히 이별할 수 있었고, 또다시 책을 펼치며 내가 살아가고 싶은 모습을 스스로 선택하는 힘을 얻었다. 지금의 내가 과거의 선택들의 총합이라 해도, 그것이 앞으로 나아갈 길을 완전히 결정짓지는 않는다. 과거에 발견하고 선택했던 것들이 다시 읽는 순간 또 다른 삶의 방향을 열어줄 것이라 믿는다.

어릴 적엔 엄마의 삶을 제대로 이해하지 못했다. 엄마가 내린 선택들을 존중하지 않았고, 마음을 헤아리지 못했다. 한 사람의 생은 한 권의 책과 같다. 이제는 엄마의 인생이라는 책을 곁에서 바라볼 수 있게 되었다. 삶은 엄마라는 한 권의 책으로 끝나는 것이 아니라, 나를 거쳐 이어지고 있었다. 어린 시절 읽었던 엄마라는 책은 낯설고 공감할 수 없는 단어들로 가득했지만, 이제 마흔이 된 나는 그 책 속 문장마다 공감의 빛을 발견한다. 시간이 흘러, 엄마가 남긴 삶의 책을 다시 펼칠 때 나는 또 어떤 마음으로 그 문장들을 마주할지 기대된다.

진정한 독서란 삶이라는 글인 것 같다.

　책을 덮으면, 기억도 함께 그곳에 두고 온다. 많이 읽는 것보다, 저자의 말을 그 순간 온전히 이해해 마음속에 소중히 저장하는 것이 더 중요하다. 책장에는 그렇게 쌓여가는 기억들이 차곡차곡 꽂혀 있다. 세상은 편리해졌지만, 우리 삶은 그만큼 단순해지지 않고 오히려 더 복잡해졌다. 복잡한 세상 속에서 단순한 삶의 공식을 먼저 찾는 사람이 행복과 성공을 누린다는 사실을 책을 통해 배웠다. 독서는 인생을 잘 살아가기 위해 몸에 익혀야 할 소중한 습관과 같다.

　지식은 많으면 많을수록 좋다. 그러나, 한 번 읽은 책을 다시 펼쳐 보는 시간도 꼭 필요하다. 책은 우리가 처한 시간과 상황에 따라 완전히 다른 얼굴을 보여주기 때문이다. 다시 읽으며 기억을 꺼내 보고, 지금 내가 놓치고 있는 것들을 발견하게 된다. 독서는, 현재보다 더 나은 나를 향한 가장 소박하면서도 강력한 욕구를 채우는 길이며, 이것이야말로 진짜 독서의 가치라고 말할 수 있다.

　책 한 권을 읽는다는 것은 단순한 독서 행위를 넘어선다. 읽은 책이 늘어날수록 가슴속에 불타는 열정이 채워지고, 머릿속에는 무한한 지식이 쌓인다. 인생은 뜻대로 흘러가지 않는다. 그렇기에 자신을 객관화하고, 한계를 인정하는 용기가 필요하다. 책은 우리에게 생각하는 힘을 선물한다. 아직 누구도 묻지 않았던 질문을 던지며 그 답을 찾기 위해 행동하게 만든다. 그 애씀의 과정이, 결국 우리의 삶이 된다. 책장에 꽂아두었던 책을 다시 펼쳐 들며 나는 그 질문의 답을 찾아본다. 나답게 살아가기 위해, 삶의 빈 공간을 채워 넣기 위해서.

## 쓸모없는 인생은 없다는 확신

평소처럼 아이의 학습지를 채점하고 있었다. 연달아 백 점을 받는 날이 많아지면서, 왠지 모를 이상한 예감이 스쳤다. 불안한 마음에 아들에게 같은 문제를 다시 풀어보게 하니, 놀랍게도 조금 전 맞혔던 문제를 틀리고 말았다. '설마' 했던 마음이 '확신'이 되어 나를 덮쳐왔다. 조심스럽게 아들에게 물었지만, 아이는 아니라며 발뺌하더니 이내 쭈뼛거리며 정답지를 보고 썼다는 사실을 고백했다. 순간 분노가 치밀어 오르며 호되게 훈계하려던 찰나, 지금 당장 화가 나고 속상한 나의 감정보다, 아이의 여린 마음을 먼저 헤아려주는 것이 중요하다는 생각이 마음을 파고들었다.

이제 막 삶은 감자는 뜨거운 김이 모락모락 피어오른다. 서둘러서 바로 꺼내면 위험하다. 적당한 시간 동안 김을 식히고 나면 먹기에 알맞은 온도가 되어 맛있는 감자를 먹을 수 있다. 분노도 이와 같다. 시간을 주지 않고 뜨거운 감정에게 문을 열어주면 후회라는 손님을 맞이하게 된다. 아들의 이야기를 들어주며 분노라는 감정에 시간을 주었다. 마음이 가라앉자 차분히 설명해 주었다. 정답을 보고 쓴 행위보다 잘못을 가리기 위한 변명이 문제라는 점을 알려주자 아들은 눈물을 똑똑 흘렸다. 변명은 누구도, 그리고 아무것도 보호해 주지 못한다는 것을 알았을까.

거짓보다 더 나쁜 것은 변명이다. 진실을 솔직하게 고백하면 그 상처는 며칠이면 깨끗하게 아물지만, 거짓말을 덮으려 늘어놓은 변명은 마치 지워지지 않는 낙인처럼 기억의 상처로 남기 마련이다. 거짓은 결코 영원한 승리자가 될 수 없다. 아들은 문제를 다시 풀고 내 곁으로 와서는 자신이 쓸모없는 사람 같다고 자책했다. 나는 말없이 아이를 꼭 안아주며 '그렇지 않다'고 타이르듯 말해 주었다. 엄마라고 해서 세상 모든 것을 다 아는 것이 아니며, 오히려 알지 못하고 부족한 것이 많다고 솔직하게 이야기하고 나니, 내 마음마저 한결 가벼워지는 것을 느꼈다. 우리는 서로의 눈을 마주 보며 환하게 웃었다.

나는 아들이 자신이 아닌 누구처럼 살기를 바라는 게 아니다. 그저 아들이 보내는 모든 시간과 경험이 빛나는 보석이 되어, 그 누구도 아닌 자신에게 가장 가치 있는 존재가 되기를 바란다. 그 마음에 아이를 더욱 꽉 끌어안아 주었다. 그날 밤, 아들은 취침 독서를 하며 책 속의 주인공이 꼭 자기 같다고 말했다. 무엇이 비슷한지 이야기를 나누다 보니, 그동안 아들과 깊이 있는 대화가 부족하지 않았나 스스로를 돌아보게 되었다. 독서는 정말이지 보이지 않는 가치를 발견하는 일이라는 생각이 든다. 책을 통해 다양한 감정을 느끼고, 그것으로부터 무한한 위로와 공감을 얻을 수 있다는 것을 다시 한번 깨달았다.

 인간이 하는 모든 일에는 원인이 있고, 그에 따른 결과가 따르기 마련이다. 그리고 그 결과는 대개 노력하는 만큼 돌아온다. 비단 아들의 문제만이 아니었을 것이다. 나는 나의 노력이 부족해서 이런 결과를 가져오게 만든 책임이 있다고 느끼며, 앞으로 더 부지런히 책을 읽고 생각하며 아들과 대화해야겠다고 다짐했다. 가까운 만큼 오히려 모르는 것이 많고, 깊이 파고들수록 더 많은 것을 알고 싶어지는 게 사람 마음이겠지.

 프란츠 카프카의 소설 중에서 나에게 '쓸모'라는 잔인한 잣대와 가족이라는 이름의 무게에 대해 깊은 질문을 던졌던 소설이 있었다. 어느 날 아침, 끔찍한 벌레로 변하여 자신의 '쓸모'를 잃고 쓸쓸한 죽음을 맞이하는 모습에서 잊히지 않는 먹먹함을 안았다. 그 소설은 우리에게 묻는다. 진정한 가족이란 무엇일까? 외면의 모습이 변하고, 더 이상 경제적인 '쓸모'가 없어진다 해도, 여전히 사랑으로 보듬어 안을 수 있을까? 고통스러운 순간을 함께 나누고, 세상의 날카로운 시선과 혐오로부터 서로를 기꺼이 지켜주는 것이야말로 진정한 가족의 사랑이 아닐까 생각하게 된다.

'가족'이라는 이름 아래 모든 것을 감내해야 했던 시절은 이제 지나간 오래된 이야기처럼 느껴진다. 그의 마지막 숨결 속에서, 우리는 사랑의 진정한 의미를 다시금 헤아려보게 된다. 요즘은 '쓸모'에 따라 관계가 맺어지고, 쉽게 변해가는 세상이다. 그것을 '효율'이라 부르지만, 그 안엔 어딘가 쓸쓸함이 스며 있다. 아이들조차도 어린 시절부터 사랑보다는 평가의 대상이 되며, 그 평가 앞에서 설명할 수 없는 두려움을 느끼곤 한다. 하지만 가족은 내가 어떤 모습이든 상관없이 조건 없는 사랑이 오고 가는 유일한 사람이어야 하지 않을까.

세상에 버려지는 모든 것은 한때 쓸모가 있었다. 우리도 마찬가지다. 지금은 보잘것없게 느껴지더라도, 한때는 누군가에게 필요한 존재였던 적이 있었다. 많은 책이 나에게 기다림에 대해 알려주었다. 지금은 때가 아니더라고 인내심을 가지고 기다리면, 내가 가진 쓸모가 필요한 순간이 온다고 말이다. 어쩌면 기다림의 다른 말은 기회일지도 모른다. 아프고 힘든 순간에도 버틸 수 있었던 것은 그런 가르침을 주는 책들이 곁에 있었기 때문이다. 나는 버려도 되는 인생은 없다고 믿는다. 그러니 쓸모없는 인생 또한 없다. 인생을 함부로 쓸모로 구분할 수 없다. 사람마다 세상에서 가장 가치 있다고 여기는 기준이 다르다. 그런 다양한 가치를 지닌 사람들이 한데 어울려 살아가는 곳이 우리가 살아가는 세상이다.

그동안 나는 나 자신이 얼마나 쓸모 있고 유용한 사람인지, 얼마나 필요한 존재인지에 초점을 맞추며 살아왔다. 살면서 누구나 한 번쯤 쓸모없는 사람처럼 느껴지거나, 아무런 가치가 없다고 느껴지는 순간을 경험해 본다. 소설 속 주인공은 그런 감정을 느낄 때 자신을 깊이 들여다보고, 내면의 대화를 시도하며 자존감을 채웠다. 인생은 쓸데없어 보이는 수많은 경험이 모여 궁극적으로 쓸모 있는 사람이 되어가는 과정이다. '쓸모'는 누가 결정해 주는 것이 아니라, 나에게 달려 있으며 그 의미 또한 자신이 부여하는 것이다.

퇴근길 태양이 뉘엿뉘엿 넘어가며 눈부신 햇살을 남기자 눈살을 한껏 찌푸리며 도로 위를 달리고 있었다. 태양이 도심을 넘어가며 노을이라는 흔적을 남기듯, 우리도 태양이 뜨고 지는 리듬에 맞춰 하루라는 족적을 이곳에 남긴다. 무엇이 바쁜지 꼬리를 재빨리 감추는 그 순간, 그 모습에서 하루의 찬란함을 느끼기도 하고 찰나의 아름다움을 포착하기도 한다. 반복되는 모습인 것 같아도 그 모습은 매일 우리에게 깊은 인상을 남기며 먹먹한 감동을 준다. 책을 펼쳐 들고 글을 읽는 일도 마찬가지 아닐까. 같은 모습의 글이지만 누군가 지나간 감정이나 특정 시점의 생각, 순간의 관찰을 놓치지 않고 남긴 '글'이라는 형태를 바라보고 있으면, 타인이 머문 순간으로 빨려 들어가 일순간 그 시간을 함께 하게 된다. 다채로운 빛을 남기고 떠나가는 태양의 빈 자리에 삶이라는 글이 채워지는 것을 느낀다.

입사 초창기, 익숙하지 않은 업무로 상사에게 번번이 질책을 받았고 그럴 때면 내가 가치 없는 존재가 된 기분이었다. 월말이 되어 정산 마감을 해야 했고 쌓여있는 서류는 물론 정해진 기한 때문에 마음의 여유가 없었다. 더욱이 업무가 주는 부담은 신입인 내가 감당하기 벅찼다. 그러한 상태로 정산 잔액이 틀어진 것을 모른 채 결재를 올렸다. 큰 질책을 받고 뒤돌아서 눈물을 삼켰다.

주어진 업무를 제대로 해내지 못했다는 자책과 함께 회사에서 필요 없는 사람이 된 것 같은 두려움이 몰려왔다. 상사의 질책보다 더 마음 아팠던 건, 스스로 쓸모없다고 느끼는 내 마음이었다. 하지만 조금씩 알게 되었다. 상사는 차분하지 못한 업무 태도와 그에 따른 결과만을 평가했을 뿐, 나라는 사람 자체를 부정한 것은 아니라는 사실을. 그 깨달음 뒤 다음을 기약했다. 재주는 부리면 늘고 재능은 포기하지 않으면 얼마든지 키울 수 있다. 수많은 재능 중에서 가장 귀한 재능은 꾸준함일 것이다. 독서는 내게 지속하는 꾸준함과 흔들림 없는 인내심을 가르쳐 주었다.

책에는 자신만의 인생으로 향하는 길이 있고, 책을 읽으며 읽는 사람이 아니라 읽고 있는 사람이 특별하다는 것을 알게 되었다. 우리는 어떤 일이든 그 일의 마무리 즉, 결과를 중요하게 여긴다. 최근 들어 결과보다 과정을 중요하게 여기는 사람들이 늘어나고 있다. 축제가 끝나면 쓰레기로 어수선한 자리가 사람들의 입에 오르내리곤 한다. 머문 자리를 깨끗하게 정리하고 가는 사람들의 인격이 모여 훌륭한 시민의식을 만들고 보다 넓게는 국격을 만들기도 한다. 끝이 아닌 과정을 생각하는 사람은 언제나 그러한 생각이 진행 중이므로 머무는 자리마다 아름다울 것이다. 읽는 사람으로 끝이 아닌 늘 읽고 있는 사람들이 살아가는 세상은 어떤 모습일까. 독서는 속도와 상관없이 꾸준히 삶의 시간을 읽고 있는 사람으로 만들어 준다.

필리핀에는 "하고자 하는 사람에게는 방법이 보이고, 하기 싫은 사람에게는 핑계가 보인다."라는 따뜻한 속담이 있다. 나는 이 말을 가슴에 품고 늘 방법을 찾기 위해 책을 펼쳤다. 그리고 그 속에서 '세상에 쓸모없는 인생은 없다'는 흔들리지 않는 확신을 얻었다. 바다는 언제든 배를 띄워주지만, 목적지까지 데려다주지는 않는다. 우리의 삶 역시 세상이라는 거대한 물결 위에 떠 있는 배와 같다. 원하는 목적지까지 닿기 위해서는 결코 멈추지 말고, 지식이라는 노를 끊임없이 저어야만 한다. 우리 삶의 완성은 그 안에 있다.

## 독창적이고 확장된 사고로 나아가는 길

 학원을 다녀온 아이의 낯빛이 어두웠다. 지난번보다 낮은 시험 점수를 받아들고 잔뜩 의기소침했던 것이다. 게다가 숙제도 평소보다 많아 기분이 더욱 가라앉아 있었다. 우리는 아이들이 미래라고 말하면서도, 정작 그 미래를 선택할 권리는 주지 않았던 건 아닐까. 걱정이라는 핑계와 어른이라는 이름으로 아이의 길을 대신 정하고, 아이의 미래를 빼앗고 있는 건 아닌지 문득 마음이 무거워졌다.

 학창 시절 또래의 장래희망은 대부분 교사, 변호사, 의사, 경찰이었다. 요즘 아이들의 상래희망은 유튜버, 연예인, 그리고 의사라고 한다. 시대는 달라졌지만, 여전히 많은 아이들의 꿈은 보편화되고 전형적인 직업에 머무르고 있다. 너무 흔한 꿈은 새롭지 않고, 남을 따라가는 삶에 불과하다. 하지만 우리는 단순히 '지금'을 사는 존재가 아니다. 지금은 미래를 준비하는 시간이며, 그 시간들이 미래에 환영받을 수 있을지는 누구도 확신할 수 없다. 흔한 것은 점점 빛을 잃어가고, 흔하지 않은 것은 오히려 빛을 발한다. 평범하고 진부한 것들은 우리 주변에서 넘쳐나기 때문에 특별함이 없어 보이고, 창의적이고 독창적인 것들은 드물기에 특별해 보인다.

뒤처질까 봐 불안한 마음에 학원을 보내기 시작했지만, 이제는 더 이상 강요하지 않는다. 아들에게는 원한다면 언제든 학원을 그만두어도 괜찮다고 말해준다. 누군가와 똑같아지기 위해 배우는 것은 바람직하지 않다는 나만의 소신을 세울 수 있게 되었다. 진정한 배움은, 자신이 하고 싶은 일이나 이루고 싶은 꿈을 위한 하나의 준비 과정에 있다. 꿈은 닿을 수 없는 목표가 아니라, 자기 자신과 함께 나이 들어가는 동반자 같은 존재다. 나는 아들이 남들과 같은 길을 따르지 않고 자신만의 길을 개척하며 스스로 빛나는 존재로 살아가길 바란다.

아인슈타인은 책을 읽으며 심오한 지식을 식별해 내는 법을 배웠다고 한다. 그는 유익하다고 생각되는 내용만을 따로 메모하여 일종의 걸러내기 독서를 실천했다. 그렇게 얻은 통찰을 연구에 적용했다. 아이작 뉴턴은 책을 읽으며 순간순간 떠오르는 아이디어나 궁금증을 즉시 메모하여 생각을 묶어두었다. 형식적인 독서나 단순히 따라 하는 독서를 벗어나 자신만의 방식으로 책과 사유하고 창의적으로 몰입하며 사고를 확장해 나갔다. 그러한 덕분에 그들의 특별한 생각이 결국 세상에 강력한 영향을 미칠 수 있었던 것은 아닐까.

헨리 데이비드 소로는 작품을 떠나 한 인간으로서 내게 새로운 관점을 가져다주었다. 그는 문명화된 사회를 떠나 월든 호숫가에서 직접 오두막을 짓고 자급자족하며 생활하였다. 그는 자연을 단순히 배경으로 보지 않고, 생명의 근원이자 깊은 통찰을 주는 스승으로 여기며 2년이 넘는 시간을 그곳에서 보냈다. 이러한 경험에 기반한 기록 자체가 여타의 작가와는 다르게 매우 독창적으로 느껴졌다. 자연에 대한 깊이 있는 관찰과 이를 통해 얻은 통찰을 시적이고 비유적인 언어로 아름답고 생생하게 그려내서였을까. 그의 문체가 그냥 좋았다. 자신의 삶을 작품의 재료로 삼아 글을 창조했다는 점에서 그의 창의성은 독보적이라 여겼다.

어쩌면, 독서는 지구상에 존재하는 창조적 행위 중 하나일 것이다. 사람들은 종종 경험은 돈을 주고 살 수 없다고 말하지만 꼭 그렇지만은 않다. 돈을 주고 살 수 없는 경험을 가능하게 해주는 것이 바로 독서이다. 책은 시공간을 뛰어넘어 다양한 삶의 현장 속으로 우리를 데려가기에 그 자체로 강력한 경험이 된다. 독서는 어디서 바라보더라도 다르게 보이는 입체적인 성격을 지니고 있다. 사회의 틀이라는 기준에 맞춰 평균적인 독서를 이어가는 이들 사이에서 진정으로 독서하는 사람들의 모습을 갈수록 찾기 어려워진다. 진정한 독서는 늘 새로운 시야로 세상을 바라보고, 깊이 있는 질문을 던지는 사람이다.

우리의 삶도 마찬가지로 평면이 아니다. 굴곡지고, 굽이치고, 때로는 예상치 못한 방향으로 휘어지기도 한다. 멀리서 보면 평행선처럼 보일지 몰라도 가까이서 들여다보면 고유한 형태를 지니며 자기만의 모양을 만들어 간다. 그런 면에서 독서와 삶은 다르지 않고, 비슷한 모습으로 곁에서 함께 걷는다.

평준화된 방식으로 생산성을 높이던 과거와는 달리, 지금은 많은 것이 기계로 대체되었다. 이제 세상이 우리에게 요구하는 것은 더 이상 평준화된 지식이 아니라 차별화된 독창적 사고다. 독창적 사고는 단순히 머리가 좋다고 생겨나는 것이 아니다. 다양한 관점과 풍부한 상상력, 그리고 두려워하지 않는 마음이 어우러져야 비로소 가능하다. 그동안의 교육이 이러한 사고를 가로막고 있었다면, 독서가 오히려 요새가 되어 우리를 지켜주고 있었다고 말하고 싶다.

괴테의 어머니는 매일 밤 괴테에게 책을 읽어주곤 했지만, 결말은 끝내 알려주지 않아 괴테 스스로 책의 뒷부분을 상상하며 채웠다고 한다. 그는 평생을 독서와 쓰는 삶으로 채우며 살았음에도 불구하고 독서하는 방법을 알지 못해 책을 손에서 놓지 않은 사람으로 유명하다. 그는 한 권의 책을 읽더라도 여러 번 반복하여 읽고, 깊은 사색에 잠기곤 했다. 책을 통해 스스로 생각하고 탐구하는 과정이 중요하다는 것을 알았던 것이다. 독서를 통한 성찰과 경험을 글에 녹여내며 위대한 문학가의 반열에 올랐다. 책을 읽으며 스스로 생각하고 탐구하는 과정이 필요함을 이해하게 된다.

인간은 본능적으로 독창적인 것에 끌린다. 독창적 사고는 기존의 가정과 전제를 따르는 것이 아니라, 그것을 거부하고 새롭게 세우는 데서 비롯된다. 독서가 그 출발점이 될 수 있다. 다양한 책을 읽다 보면 주제나 내용이 다르더라도 어느 순간 읽은 모든 것이 하나로 연결되는 시기가 찾아온다. 나만의 시선, 세상을 다르게 바라보는 눈이 열리는 것이다. 독창적 사고는 이때부터 가능하다. 조금 더 그 시기를 앞당기고 싶다면 읽고 쓰는 것을 병행해 보자. 글을 쓰는 행위는 생각을 외부로 꺼내 확장시키는 과정이다. 확장된 사고는 꼬리에 꼬리를 무는 질문을 하게 만들고 그 질문은 사고의 범위를 넓혀준다. 그래서 우리는 작가가 마침표를 찍은 글이라도 질문을 이어가야 한다.

우리는 삶의 정답이 아니라 삶의 길을 찾고 있다. 답이 없는 세상에서 충돌하지 않기 위해 독서한다. 삶은 이기고 지는 게임이 아니다. 나의 반대편에 있는 삶이 또 다른 모습을 이해하려는 노력이 필요하다. 유일무이한 타인이 곁에 있어 주길 바라지 말고, 유일무이한 내가 되기를. 그리고 그런 사람이 되어 책을 곁에 두며 살아가는 삶을 상상해 본다.

   20대 초반, 나는 모든 것을 의심하며 살았다. 심지어 나 자신조차도 말이다. 분명히 내게 찾아온 기회였음에도 불구하고, '내가 뭐라고' 하는 자조적인 생각으로 가능성의 문을 스스로 닫아버렸다. 어느 날, 우연한 기회로 한 매니지먼트사로부터 오디션 제안을 받았다. 그때는 우연이라 여겼지만, 돌이켜보면 운명이었는지도 모른다. 마치 행운의 여신이 내 앞에 나타나 운명과 우연 사이의 저울을 들고 어느 쪽으로 기울여야 할지 고민하고 있었던 것처럼 느껴진다. 그 회사는 꽤 탄탄한 곳이었지만, 나는 그 회사를 의심하기보다 나 자신에 대한 의심으로 기회를 거부했다. 만약 지금처럼 단단한 사람이었다면, 망설임 없이 도전을 선택했을 것이다. 그때 내가 도전을 피한 이유는 결국 '불안'이었다. 안정적인 월급에 안주하며 현실에 머물렀다. 어렵게 얻은 경제적 안정을 내려놓고 불확실한 미래로 뛰어들 용기가 나지 않았다.

   지금 돌아보면 가장 아쉬운 건, 그 경험을 하지 않았기 때문에 나만의 독창성을 제대로 키우지 못했다는 점이다. '독창성과 창의성'의 힘을 키우기 위해선 다양한 경험이 반드시 필요하다. 새로운 장소를 방문하고, 나와 다른 환경이나 생각을 가진 사람들과 대화하며 시야를 넓히는 과정 속에서 창의성은 자란다. 다행히도 그 부족함을 독서가 조금씩 채워주고 있다. 책을 통해 더 넓은 시야와 깊은 사고를 습득하면서, 나를 더 확장시킬 수 있었다.

이제 와서 생각한다. '내가 뭐라고' 그렇게 쉽게 나를 깎아내렸을까. '나이기에' 무엇이든 도전할 수 있었고, 사실 모두가 그렇게 각자의 방식으로 인생을 살아가고 있는 것인데. 아무것도 아닌 줄 알았던 그 과거 속에서, 나는 결국 지금의 '나다운 나'로 성장할 수 있었다. 그리고 미래로 이어지는 길 위에서는, '나이기 때문에' 가능한 사람이 되어 있을 것이라 믿는다. 그렇게 나는, 온전한 나 자신으로 살아갈 것이다.

언니와 같은 책을 읽고 그 내용에 대해 이야기를 할 때면 나도 모르게 아드레날린이 솟구친다. 내가 옹호하는 주인공과 언니가 옹호하는 주인공이 다를 때 특히 팽팽한 긴장감을 느끼곤 한다. 읽으며 미처 발견하지 못했던 복선을 언니가 이야기하면 내가 놓친 부분으로 빠르게 되감기를 하고, 서로가 다른 결말을 그리면 그보다 즐거운 순간이 없을 정도로 충만한 행복을 느끼곤 한다. 대화하며 자연스럽게 서로의 관심사를 알아가고, 함께 감정을 공유하며 정서적 안정이 채워진다.

누구처럼 살기보다는, 나답게 사는 것. 그것이야말로 가장 독창적인 삶 아닐까. 독창성은 완전히 새로운 것을 만들어낼 때가 아니라,

세상을 새롭게 바라볼 때 드러난다. 그렇다면, 새로운 시선은 어디에서 시작될까? 나는 주저 없이 독서라고 말하겠다. 분야를 가리지 않고, 마음 곳곳에 다채로운 영감을 불어넣으며, 머릿속에 조용히 물결을 일으킨다. 글에 마음을 비추자 나에게 밖에 없는 색과 빛이 떠오른다.

## 책을 읽을수록 단단해지는 삶

여유로운 주말, 영화를 보았다. 영화는 가족의 위기 속에서 삶의 무게에 짓눌린 한 여인의 이야기로 '무엇을 믿고 살아야 하는가'라는 질문을 던지고 있었다. 현실을 회피하던 주인공이 자기 자신을 구원하고 독립적인 삶을 찾아가는 과정을 지켜보면서 인간의 연약함을 생각하게 되었다. 대부분의 사람은 간절한 바람이나 깊은 불안을 마주할 때, 어딘가에 기대고 싶어진다. 보이지 않는 존재를 믿음으로 잠시나마 위로가 된다면 괜찮다. 하지만 자신의 생각과 마음 전부를 보이지 않는 실체에 맡기는 것이 과연 옳은 일일까 하는 질문이 한참 동안 마음에서 지워지지 않았다.

내 힘으로 돈을 벌기 시작하면 가장 먼저 하고 싶었던 일은 '독립'이었다. 도심과는 거리가 먼 집에서 6년 넘게 장시간 버스를 타고 학교를 다녔다. 취업 후에도 여전히 그 긴 시간을 버스 안에서 보내야 한다는 사실은 막막하게 느껴졌다. 니에게 독립은 성공한 커리어우먼의 상징처럼 보였다. 누군가에게 의존하지 않고 스스로 결정하며 살아가는 멋진 여성 말이다. 하지만 세상일이 마음먹은 대로 풀리는 건 아니었다.

어느 날, 날벼락처럼 날아든 철거 통지서 한 장은 나는 물론, 우리 가족에게 세상이 멈춘 것 같은 커다란 충격으로 다가왔다. 여럿이 함께 살아갈 새 보금자리를 찾는 건 생각보다 훨씬 어려웠고, 결국 직접 집을 짓기로 뜻을 모았다. 그동안 힘들게 모아온 돈을 부모님께 드리기로 한 결정은 쉽지 않은 결정이었지만, 가족이 함께 할 수 있는 유일한 방법이자 모두를 위한 일이었기 때문에 가능했다.

한편으론 마음이 무척 무겁고 씁쓸했다. 손에 남은 건 아무것도 없었고, 여전히 내가 하고 싶은 많은 일들에 제약이 따랐다. 감당해야 할 현실은 점점 더 무겁게만 느껴졌다. 끝이 어딘지 알 수 없는 긴 터널 속을 걷는 기분이 이어졌다. 처음엔 그저 조금 불편할 뿐이라고 생각했던 가난이 시간이 지날수록 내 마음 깊숙한 곳까지 스며들며, 비교하고, 스스로를 깎아내리고, 세상을 원망하게 만들었다. 조금씩 눈에 보이지 않는 균열이 내 마음 곳곳에 퍼지기 시작했다.

균열로 인하여 나라는 사람이 완전히 무너지기 전에 조용히 책을 내 안으로 들였다. 무겁고 씁쓸했던 누구에게도 말할 수 없었던 그 마음을 책은 아무 말 없이 안아주었다. 그렇게 독서는 내 마음을 지키는 파수꾼이 되어주었다. 문장 위에 조용히 나의 이야기를 얹으며, 조금씩 나를 다시 일으켜 세웠다. 다양한 책을 읽으며 알게 되었다. 단단한 사람이란 혼자서 모든 걸 해내는 사람이 아니라, 어려움에 처한 누군가에게 도움의 손길을 내밀 수 있는 마음을 가진 사람이라는 것을. 이제는 완전한 '독립'이 아니라 완전한 자립을 꿈꾼다. 그 꿈에 가까이 다가가기 위해 오늘도 시간을 들여 책을 읽는다.

완전한 자립이란 상황에 휘둘리지 않는 단단한 내면과 누구에게도 휘청이지 않는 마음의 자유를 의미한다. 우리는 흔히 '믿음'을 신뢰의 증거라 여기지만, 완전한 자립은 때때로 그 믿음을 의심할 줄 아는 용기에서 시작된다. 신뢰가 깊다고 해서 모든 것을 맡겨선 안 된다. 맹목적인 믿음은 때로, 가장 아픈 배신이 되어 돌아오기도 하니까.

독서는 우리에게 몇 번이고 쓰고 지우며 삶을 완성해 갈 수 있도록 기회를 제공해 준다. 누구를 밀어내기 위해서도 아니고, 맹목적인 믿음을 위해서도 아니다. 명확한 기준을 세우기 위해 기꺼이 도움을 준다. 그러한 일은 스스로를 잃지 않기 위한 최소한의 노력이다. 하지만 여기서 중요한 것은 욕심이 끼어들지 않도록 하는 것이다. 단순히 지혜를 얻기 위해 지식을 쌓는 것은 아니다. 어떻게 받아들이고 그것을 내 안에 녹여내느냐가 더 중요하다. 책을 읽을 때는 글의 숨결이 느껴지도록 차분하게 천천히 읽으면 좋다. 그 속도는 내가 나를 제대로 바라보게 해주고, 불필요한 생각과 감정을 경계하는 데도 큰 힘이 된다. 우리는 독서를 하면서 이미 알고 있다고 생각했던 것을 다시 들여다보게 되고, 전혀 모르는 것을 이해하려 애쓰며, 완전히 새로운 생각에 도전한다. 그것이 독서가 우리에게 알려주는 진짜 방향이다.

힘들었던 시기가 지나고 나서야 제대로 보였다. 무언가에 집착할수록, 그 결핍은 더 도드라진다는 사실을. 우리가 정신적으로 고통스러울 때 더 힘든 이유는, 시련을 벗어나지 못해서가 아니라 그 시련을 <u>스스로를 붙잡아두고 있기 때문이다</u>. 삶을 살다 보면 우리는 수없이 많은 막다른 골목을 마주하게 된다. 예전에는 그 길에서 좌절하거나 포기하는 법밖에 몰랐다. 하지만 책을 통해 알게 되었다. 막다른 길이란 포기를 말하는 것이 아니라, 문제를 제대로 마주하라는 신호라는 것을. 대부분의 문제는 '해결할 수 없는 것'이 아니라 '피하고 싶은 것'이었고, 해결을 가로막은 건 언제나 내 안의 도망치고픈 마음이었다. 상황을 정확히 바라보지 못하면, 문제는 끝내 모습을 드러내지 않는다.

공허함은 비단 현대인만의 문제가 아니다. 인간이라면 누구나, 마음 한구석쯤은 쓸쓸하게 비어 있다. 하지만 그 빈자리는 어쩌면 삶이 우리에게 내어준 여백일지도 모른다. 마음이 비어 있어야 비로소 무언가를 담을 수 있으니까. 그 공허함은 누가 대신 채워줄 수 있는 것이 아니며, 스스로 채워나가야 한다. 나는 나를 움츠리게 했던 결핍과 쓸쓸함으로 비워져 있던 마음의 틈을 독서로 채워 나갔다. 책을 읽으며 나를 사랑하는 법을 아주 조금씩 배웠다. 책은 내게 결점 없는 완벽한 사람은 없다는 목소리를 들려주었고, 그 결점은 감추는 게 아니라, 그럼에도 불구하고 마음의 문을 열 수 있는 용기라고 알려주었다. 더 나은 내가 되고자 애쓰는 그 자체가 인간다움이라는 걸 말이다.

우리는 흔히, 자신의 부족함에만 시선을 고정하여 앞으로 나아갈 힘을 얻지 못하는 실수를 하곤 한다. 그 실수는 나를 무너뜨리기 위해 오는 것이 아니다. 실수를 반복한다는 건 그 실패를 통과하며 성공에 더 가까워지는 일이다. 그래서 지금의 나는 누군가 내게 바보 같다고 수군거려도 흔들리지 않는다. 책을 읽으며 하지 못한 것보다 해낸 것이 많았고 바뀌지 않은 것보다 바뀐 것이 많기 때문이다. 내가 해내며 바꿔낸 것들을 직시할 줄 아는 사람이 되었다. 책을 읽으며 보낸 시간은 뜨겁게 성장한 시간이었다.

삶은 잔잔한 물결처럼 흘러가지만, 어느 순간 예고에 없던 거센 파도가 밀려오곤 한다. 그제야 그 평온했던 물결이 얼마나 소중하고 평화로웠는지 알게 된다. 삶이라는 바다에 질문을 던진다. 이 뜻밖의 시련을 원망만 하며 견딜 것인가, 아니면 그 안에서도 다시 중심을 세울 것인가. 사실 잔잔한 물결은 파도와 싸우지 않는다. 그 자체로 이미, 흔들리지 않는 힘이 된다. 무엇인가를 간절히 원해서 움직이는 사람과 마지못해 움직이는 사람은 처음엔 비슷해 보일지 몰라도 시간이 지나면 놀라울 만큼 큰 차이가 벌어진다. 그래서 나는 간절한 마음으로 책을 펼쳐 읽으면 삶은 그에 반드시 응답해 줄 것이라고 믿는다.

　인생은 단숨에 뛰어넘는 뜀틀이 아니다. 나는 그 사실을 한 걸음씩 천천히 걸어오며 배웠다. 고통과 시련이 쌓인 거대한 산을 넘어오면서 그 모든 걸음이 나를 어디로 이끌고 있었는지 비로소 조금은 알 것 같다. 요즘 사람들은 고통 앞에 쉽게 무너진다. 빠르게 달려서 한 번에 넘어가려는 조급한 마음 때문이지 않을까 조심스럽게 추측해 본다. 그 거대한 산을 오르는 동안 나를 힘들게 했던 환경이 결국엔 나를 살게 하는 힘이 되었다는 걸 알게 되었다. 매일 같은 시간 산책했던 임마누엘 칸트, 예술을 진정으로 이해하는 길은 산책이라고 했던 빈센트 반 고흐, 관찰을 위해 오랫동안 산책한 찰스 다윈까지. 그들이 걸었던 길은 글이 되었다. 그리고 이제 그들처럼 인생이란 글 밭을 걷는다.

　보는 것이 단지 글이나 사물의 형상에만 그칠까. 우리가 타인을 '본다'는 것은 단순히 겉모습이나 행동만을 의미하지 않는다. 우리는 누군가의 깊은 속마음을 알기 위해 그 사람의 표정과 말에 귀 기울인다. 하지만 모두가 마음을 열고 솔직하게 표현하는 것은 아니다. 입을 다물고, 눈을 감고, 자신의 마음을 꽁꽁 걸어 잠그는 사람들이 늘어만 간다. 우리가 만날 수 있는 사람들은 한정되어 있다. 가까이 두고 싶은 사람, 성향이 맞는 사람끼리 관계를 형성하려 한다. 이로 인해 우리가 경험할 수 있는 세상의 범위 또한 제한될 수밖에 없다. 독서는 바로 이러한 한계를 뛰어넘게 해준다.

책을 읽는다는 것은 글 뒤에 숨겨진 작가의 마음, 수많은 인물들의 희로애락을 간접적으로 경험하는 일이다. 우리는 책을 통해 내가 결코 만날 수 없는 사람들의 이야기를 듣고, 내가 겪어보지 못한 상황에 놓이게 된다. 독서는 좁은 인간관계와 익숙한 환경 속에 갇힌 우리를 더 넓은 세상으로 데려가 준다. 그럼으로써 우리는 타인의 마음을 깊이 이해하고, 나아가 내가 살아가는 세상에 대한 시야를 확장할 수 있다. 독서는 더 넓은 세상과 소통하는 가장 강력한 수단이다.

잔잔하게 밀려오는 삶의 순간들을 기꺼이 안아주었으면 한다. 책은 한 사람의 인생을 바꿔놓을 수 있을 만큼 그 힘은 생각보다 놀랍고도 깊다. 독서란 결국, 내 안에 숨어 있는 잠재의식과 습관처럼 굳이 버린 사고방식의 경계를 무한히 넓혀가는 과정이다. 돌이켜 보면 나는 누군가에게 믿음을 주는 사람이 되고 싶었던 것 같다. 그래서 어떻게 보이는지가 중요했다. 지금도 여전히 중요하다. 다만 이제는 그 시선이 달라졌다. 나에게 내가 어떻게 보이는지 중요한 것으로 그 대상과 우선순위가 바뀌었다. 책을 읽을수록 내 삶은 단단해지고 있었다.

## 진정한 독서의 완성은 삶이다

요즘 친정에 발걸음할 때마다, 낯선 풍경 하나가 시선에 들어온다. 그 모습이 어찌나 신선한지 보고 있으면 마음 한구석이 몽글몽글 피어오르는듯하다. 식탁 위에는 큰 글자로 출판된 시집과 소설책이 다정히 놓여있다. 최근 들어 엄마의 친구가 되어 주고 있는 책이다.

내 기억의 테이프를 아무리 재생시켜 보아도, 책을 읽는 엄마의 모습은 좀처럼 찾을 수 없었다. 그래서일까. 지금 엄마의 모습은 마치 오래도록 꿈꿔왔던 그림처럼 다가온다. 엄마 덕분에 나는 꿈을 이룬 사람이 되었다. 하지만 눈이 침침하여 마음만큼 책을 읽지 못하는 속상함을 들을 때면, 지나온 시간이 야속하게만 느껴진다. 소중한 순간을 축축하게 만들 수 없어 활짝 웃으며 물어본다. 어떤 책을 읽고 있는지, 어떤 이야기가 펼쳐지는지, 그렇게 엄마의 새로운 계절을 함께 나누고 싶다.

가슴 한편이 아련한 그 시절, 엄마의 모습을 떠올려본다. 어렸을 적 엄마는 낡은 텔레비전 속 이야기나 라디오에서 흘러나오는 사연에 귀 기울이시며 찢어지고 낡은 노트에 무언가를 꼼꼼히 적었다. 빼곡히 채워진 노트만큼 엄마의 까칠했던 손길이 기억난다. 그렇게 적은 기록은 옷장 위 한쪽 구석에 소담스레 쌓여 갔다. 문득 궁금해진다. 자신보다 늘 자식이 우선이었던 엄마도 혹시, 언젠가는 읽고 싶었던 책이나 쓰고 싶었던 글이 있었던 것은 아닐까 하고. 그 시절 엄마의 소중한 마음이 이제야 와닿는 듯하다.

완전히 불행하기만 한 인생은 없다. 슬픔 속에서도 한 줄기 웃음을 찾고, 불행한 순간에도 다시 일어설 힘을 낸다면, 더 이상 불행하지 않다. 엄마는 너무도 많은 시간을, 자식을 키우고 생업을 꾸려나가는 데 시간을 쏟으셨다. 특히 생업은 그야말로 생존을 위한 필수적인 투쟁에 가깝다. 8남매를 키우기 위해 그 누구보다 치열하게 사셨고, 자신을 돌볼 틈도 없이 숨 가쁘게 인생의 길을 달려왔다. 자식을 낳고 부모가 되어보니 나를 우선시하는 것이, 내 시간을 갖는 것이 얼마나 어려운 일인지 알게 되었다. 어쩔 수 없이 나보다 자식을 먼저 생각하고 우선시하게 된다. 살아보지 않은 세월을 그때는 온전히 이해하지 못했고, 이제 내가 그 시간을 살아보니 깊은 공감과 더불어 엄마의 삶이 고스란히 느껴졌다.

　엄마는 이제 독서하며 자신을 돌아보고 남은 시간을, 자신을 사랑하는 데 온전히 사용할 것이다. 그뿐만 아니라 책을 읽으며 잠시나마 다른 존재가 되기도 하고 짧은 시간의 여행도 즐기며 타인의 삶을 엿보는 즐거움을 더하며 살아갈 것이라 믿어 의심치 않는다. 책을 읽기 전과 읽은 후의 내 삶이 달라진 것처럼 엄마의 삶도 책을 읽기 전과 읽은 후의 삶으로 나뉠 것이다. 주어진 이름 대신 '엄마'라는 호칭으로 살아오면서 여자라는 이유로 겪어야 했던 차별과 편견 그리고 그로 인해 품었던 의문과 고민을 누구에게 털어놓지 못했던 엄마의 그 시절과 지금 내가 살고 있는 시대는 크게 다르지 않은 것 같다.

　갈수록 양극화가 심화하면서 우리 사회에 깊은 갈등을 야기하고 있다. 안타까운 것은 부모의 뒷받침 능력에 따라 '금수저'와 '흙수저'로 사람을 분류하는 것을 넘어, 예능 프로그램에서조차 이를 너무 쉽게 웃음 코드로 사용한다. 이제는 일상적 언어가 되어버린 현실에 씁쓸함을 감출 수 없었다. 태어나면서부터 주어지는 환경이 모든 것을 결정하는 듯 보이는 사회다. 그러한 측면으로 부모의 경제력에 기대어 독립하지 못하는 캥거루족이 늘어가고 있다. 물론 타당한 이유가 있는 경우도 있겠지만, 자신의 삶을 책임지지 않으려는 모습을 더 많이 접하고 있는 현실이다.

세상 어딘가에서는 지금 이 순간에도 묵묵히 자신의 삶을 책임지며 고통을 견뎌내는 사람들이 있다. 불안정한 삶 속에서도 오직 자신의 노력으로 인생을 개척하기 위해 시간과 에너지를 쏟는 이들은 누구보다 강인해 보인다. 이런 사람들 곁에는 항상 책이 있었다. 인생을 살아가는 힘을 직접 경험으로 터득한 사람들에게 두려움이란 존재하지 않는다. 어린 시절부터 책이 나에게 쏘아준 빛은 그 무엇보다 강렬하고 뜨거웠다. 그동안 입고 있었던 거짓의 옷을 벗어던질 수 있을 만큼.

하루는 엄마가 내게 이런 말을 했다.

"엄마의 젊은 시절 이야기를 해 줄게. 네가 생생한 생명력을 불어넣어 주면 좋겠어. 엄마의 고된 시집살이는 시련이었지만, 그 시련에서 만난 축복을 모두가 행복하게 즐길 수 있는 축제로 만들어 주면 좋겠어. 엄마의 인생을 사랑으로 채워주겠니?"

엄마는 한 인간으로서 아플 만큼 아팠고, 여성으로서 슬플 만큼 슬펐다. 그러나 행복에 있어서 그만큼 행복했는지 잘 모르겠다. 분명한 것은 꿈에 그리던 엄마의 모습이 내 앞에 있고 그런 엄마의 모습이 너무나 행복해 보인다는 것이다. 독서를 통해 엄마는 스스로 남은 삶에 생생한 생명력을 불어넣고 있고, 그 삶을 축제로 만들어 가고 있으며, 사랑을 채우고 있다. 인생의 끝자락에서 멋진 독서의 옷을 입은 그녀의 모습은 꽤나 근사하다. 무엇이든 될 수 있고 진정으로 자유로운 길을 이해한 것 같다. 엄마와 나 모두가 말이다.

단연코 독서가 인간적 삶을 풍요롭게 해주는 가장 중요한 방법임을 의심할 수 없다며 깊은 울림의 메시지를 전달하였다. 읽는 기쁨의 충만함을 한 번이라도 맛본다면, 그 이전의 삶으로 돌아갈 수 없다. 책과 함께하는 시간은 영혼의 단비처럼 우리 마음을 촉촉이 적셔준다.

책을 사랑하는 마음은 곧 삶을 사랑하는 진정성 있는 애착이며, 우리에게 진정한 자유를 선사한다. 목적 있는 독서는 긍정적인 동기 부여와 함께 성공적인 자기 계발로 이끌지만, 그저 맹목적인 독서는 오히려 독이 될 수 있다. 때로는 그 독이 너무 깊어 다시는 책을 가까이하지 못하게 되는 안타까운 상황을 만들기도 한다. 특히 내면에 불안함이 크게 자리 잡고 있을 때 읽는 자기 계발서는 자칫 타인과의 비교를 부추겨 불안감을 키울 수 있다. 이런 상황에서는 자신의 상황과 비슷한 경험을 담은 책을 읽으며 불안을 잠재우는 것이 훨씬 도움이 된다. "혼자가 아니야", "나도 너와 다르지 않아"와 같은 책 속 문장들이 건네는 위로는 따뜻한 손길로 다가와 우리의 마음을 어루만져 줄 것이다.

　책을 읽기 전 던진 질문과 책을 덮고 난 후 떠오른 질문의 맥락이 하나로 이어질 때, 우리는 비로소 제대로 된 독서를 했다고 느낀다. 우리는 세상 속에 살고 있기에 세상으로부터 끊임없이 배워야 한다. 그렇다면 책을 읽는다는 것은 결국 세상을 읽는 일이 아닐까. 우리의 눈은 매 순간 무언가를 보며 끊임없이 읽는다. 감정을 읽고, 상황을 읽고, 마음을 읽고, 또 태도를 읽는다. 단순히 '보는 것'을 넘어 '읽는 것'은 우리의 삶을 진정으로 깨우치는 경험이 된다. 책을 읽으며 작가의 세상 속에서 한 번 살아보면, 우리를 에워싸고 있던 익숙한 굴레에서 해방되어 나만의 세상에서 다시 한번 삶을 살아갈 수 있는 힘을 얻게 된다. 한 권의 책을 집어 드는 순간, 우리는 조금 전의 나와는 영원히 이별하게 된다.

　위대한 도서는 위대한 작가로부터 탄생하지 않는다. 때로는 누군가의 서투름과 부주의 사이에서 부딪힌 글이 무르익어 풍성한 열매를 맺기도 하고, 혼돈스러웠던 글의 무질서가 거듭된 생각 속에서 질서를 찾아가기도 한다. 어정쩡하거나 자극적이었던 진리들은 덧없이 사라지고, 꾸밈없는 본질만이 남아 독자에게 다가온다. 그리고 이러한 글을 읽고 각자의 방식으로 해석하는 과정이 간직하고 싶은 책을 만들어내는 진정한 힘이다. 나 역시 책을 읽을 때 누군가의 해석이 아닌, 나만의 해석을 찾기 위해 몰입한다. 이토록 친밀한 독서는 바로 이런 모습일 것이다.

   지혜는 영혼의 양식이다. 우리는 지식을 통해 그것을 쌓아간다. 하지만 세상에 절대적인 지식이란 없다. 독서가 무엇을 선택하고, 무엇을 해야 하는지 전부 알려줄 거라고 기대하는 건 어쩌면 지나친 바람일지도 모른다. 독서가 분별력을 키우는 데 큰 도움을 주는 건 사실이지만 삶은 그보다 훨씬 복잡하고 섬세하다. 우리는 관계를 형성하며 마주하는 예기치 않은 상황에 부딪히고, 그에 따라 감정이 끊임없이 흔들린다. 그런 순간마다 책에서 얻은 분별력이 문제를 해결할 수는 없다. 이처럼 모두에게 좋은 것이란 존재하지 않으니 결국, 나에게 좋은 것을 찾아가는 과정이 독서의 이유라고 할 수 있겠다.

   어쩌면 삶의 완성은 죽음일지도 모른다. 그렇지만 나는 독서가 한 사람의 삶을 완성해 간다고 믿는다. 시간은 멈추지 않고 흐르고, 인간의 시간 또한 멈추지 않고 흘러간다. 한때는 아픔만이 가득하던 시간에 머물러 있었고, 왜 태어난 것인지 나를 부정하던 시기도 있었다. 치유될 것 같지 않은 상처를 받으며 원망을 쏟아내기도 했었다. 삶이라는 드라마에서 조연이라는 배역을 벗어던지지 못할 줄 알았다. 그러나 책을 읽기 시작하면서 시간을 되돌려 무대 위의 주연이 되었다. 그러자 잘못 쌓았던 시간들이 다시 제자리를 찾아가기 시작했다. 단

하나의 책이라도 진정으로 마음을 다하여 읽으며 이대로도 괜찮은 삶을 완성해 간다.

> 추천의 글

# 김미라의 파피루스
### ─책의 물질성과 인간의 읽기

김지연(rainbowings@nate.com)

　김미라의 글에는 온전한 인간이 있다. 인간은 언제나 불완전한 존재의 표상으로 나타났지만 시대가 발전하고 지혜도 도약함에 따라 글 속에서 인간은 점점 완전한 모습으로 현현되고 있다. 그 완전함은 물질적으로, 육체적으로 이분화할 수 없는 다양성을 근간으로 한다.
　누구든 자신에게 '공백'이 있음을 숨길 수 있고 그 허공이 때로는 숨을 트이게 하는 활로일 수 있음을, 작가는 조심스럽게 제안한다. 바로 그 길은 '독서'라고 말이다.
　책은 언제나 가까이 있었다. 그럼에도 멀게 느껴진 건 원근감의 왜곡에서 기인한 것이다. 책 속에 담겨신 혼이 이질적이고 낯선 것이다 보니 회피하고 거리감을 두는 오해가 장시간 이루어졌다. 애석한 일이다. 책이란 마치 특별한 사람들만이 향유한다는 착각이 야기한 것은 결국 정신의 빈곤함이다.

책은 종이라는 일상적인 소재로 존재하고 있다. 읽는 것은 세계를 다시 보는 것이고, 이러한 재독과 재고는 정리되지 못한 채 방치되어 조각조각 나누어진 인간의 사유를 온전하게 갈무리하는 작업이 된다. 정답만을 강요하고 세뇌하는 일률적인 풍토 또한 이러한 작업을 방해하는 요인이라고 할 수 있겠다.

김미라의 글에는 평범함을 특별함으로 전환시키는 연금술이 있다. 작가의 글을 이루는 질료는 책임감과 따뜻한 시선이 대표적이다. 인간은 더운 여름, 두꺼운 외투같은 껍질을 두른 채 자신의 삶을 살아가는데, 이 외투는 보통 '억압'으로써 나타난다. 인간이 책을 읽고 글 쓰는 데 소극적인 것도 결국 아비투스처럼 내면화된 억압에서 기인하는 것이다.

인간을 구성하는 요소 중에 하나가 특별성이다. 그러나 인간은 그것을 감추고 살아가고 그러다 보니, 잊어버리고 잃어버리게 된다. 어디엔가 있을 자신의 본질은 결코 찾을 수 없는 곳에서 은닉되다가 마치 이삿날이 되어서야 내다버리는 쓸데없는 짐과 같이 허수의 시간을 보내는 것이다.

다이아몬드에만 깎아지른 반사면이 있는 것이 아니다. 인간에게는 누구나 빛만 받으면 반짝일 수 있는 반사각이 있다. 그 찬란한 빛은 책 속에 있음을, 형태 없는 이 모든 정신세계가 책의 물질성에 기대고 있음을 강조하고 싶다.

   책은 사물이다. 따라서 수많은 정신의 스펙트럼을 함의하고 있는 동시에 인간의 의식을 대변하는 알레고리다. 정신이 봉인되어 있는 사물로 작가는 그 속에서 질문하고 실천한다. 김미라의 글에는 종이가 있다. 여기서 종이는 자연물에서 발생하여 가공되고 글자가 아로새겨진 세계다. 작가는 스스로 문을 열지 않으면 부정적 생각에 갇힐 수 있음을 환기하며 독자들에게 파피루스라는 멋진 선물을 제안한다. 그것은 인간이 '고유한 정체성'을 형성해 나가는 독서라는 수행적 행위로 명명할 수 있을 것이다.

### 이토록 친밀한 독서

초판 1쇄 발행 | 2025년 10월 27일

지은이 | 김미라
펴낸이 | 김지연
펴낸곳 | 마음세상

출판등록 | 제406-2011-000024호 (2011년 3월 7일)

ISBN | 979-11-5636-647-8 (03810)

원고투고 | maumsesang2@nate.com
블로그 | blog.naver.com/maumsesang

* 값 19,300원